재무제표 분석으로
알짜 종목 투자하기

주식투자를 위한 재무 길잡이

재무제표 분석으로 알짜종목 투자하기

회계학 박사 **강영수** 지음

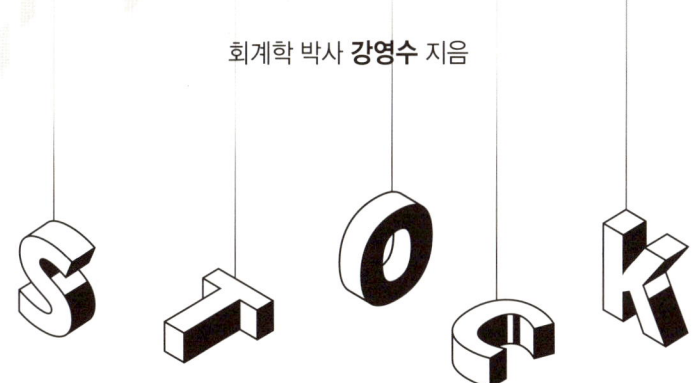

한솜미디어

| 머 리 말 |

　주식이나 채권 등 유가증권에 대한 투자는 발행주체인 기업에 투자하는 것이며 보다 큰 수익을 얻기 위해서는 수익성이 높고 재무구조가 건실하며 기업가치가 높은 기업에 투자해야 하는데 이러한 기업을 판단하기 위해서는 반드시 기업의 재무제표를 분석하여 의사결정을 해야 한다.

　재무제표에는 매출액과 이익구조인 수익성, 자산·부채·자본의 구성내용인 재무구조, 주당이익(EPS), 주당순자산(BPS) 등의 내재가치가 나타난다. 이러한 내재가치를 시장가치(주가)와 대비하여 시장배수(Market multiple)인 PER, PBR 등 지표를 투자종목 의사결정에 활용할 수 있다. 재무제표가 중요한 이유는 지나간 경영활동 결과치이지만 이를 토대로 재무 예측치를 반영하여 미래 수익성과 재무구조, 현금흐름을 합리적으로 추정할 수 있기 때문이다. 그리고 미래 성장성을 판단할 수 있는 비재무적 요소인 설비투자, R&D 투자, ESG 투자도 궁극적으로 현재 재무상태를 기준으로 판단해야 한다.

　이에 본서는 주식회사와 증권시장 및 증권 매매의 기초내용, 재무제표 구조와 분석지표, 투자가치를 판단하기 위한 화폐의 시간가치(미래가치와 현재가치)와 세금지식 그리고 주식투자 시 알아야 할 여러 이슈(이익배당, 유무상증자/감자, 레버리지 효과, 기업가치평가, 기업분할 등)들을 알기 쉽게 전개하였다.

　유가증권 투자는 물론 어떠한 투자라도 구두(말)와 서술로만 되는 것이 아니고 돈 관계이기 때문에 항상 계수가 뒷받침되어야 하므로 각 항목 내용마다 돈 계산하는 방법을 간단한 수치 예시로 정리하여 독자들이 쉽게 이해할 수 있도록 정리하였다.

본서의 내용은 다음과 같이 구성하였다.

제1장 : 주식투자를 위한 재무 기초지식
제2장 : 기업 재무제표와 주요 계정과목
제3장 : 재무제표 분석
제4장 : 재테크를 위한 화폐가치와 세금
제5장 : 주식투자를 위한 재무관리 이슈
부록 1 : 주요 용어 해설
부록 2 : 가치 계수표

인생살이에는 항상 아쉬움이 남듯이 본서 탈고 이후 더 좋은 내용으로 전개하였으면 하는 심정이다.

부족한 내용들은 저자의 천학비재淺學菲才한 탓이며 독자 여러분의 많은 조언과 지도편달을 바랄 뿐이다.

본서를 출간하는데 내용 구성 토론과 원고 감리에 수고하신 삼일회계법인 차태균 고문님, 한영회계법인 김태형 회계사님, 이상회계법인 박찬 회계사님께 깊이 감사드리고 출간을 승낙하고 편집해 주신 한솜미디어 대표님과 편집부 직원들에게 심심한 감사를 드린다.

저자 강영수

| 차 례 |

머리말 _ 4

제1장 주식투자를 위한 재무 기초지식

01. 회사 분류와 주식회사 _ 16
1. 법인과 회사 분류 _ 16
2. 주식회사 _ 18

02. 재무제표 개요 _ 23
1. 재무제표에서 알 수 있는 내용들 _ 24
2. 회계재무 정보 _ 26
3. 주식투자 시 재무제표를 왜 알아야 하는가 _ 27
4. 재무제표 공시와 감사보고서 · 사업보고서 _ 28
5. 연결재무제표 · 개별재무제표 · 별도재무제표 _ 35

03. 재무제표는 기업회계기준으로 작성한다 _ 39
1. 일반적으로 인정된 회계원칙(GAAP) _ 39
2. 세 가지 기업회계기준 _ 40
3. 우리나라 기업회계기준은 어떻게 변화되었는가 _ 41

04. 우리나라 증권시장 _ 44
1. 발행시장과 유통시장 _ 44
2. 주식시장 구분 _ 45
3. 주식과 채권은 어떻게 다른가 _ 46
4. 채권이란 무엇인가 _ 47

05. 유가증권 분석 _ 50
1. 경제현상 분석 _ 50
2. 산업 분석 _ 52
3. 기업 분석 _ 53

06. 주식거래의 기본사항 _ 57
1. 주식매매와 수도결제 _ 57
2. 주식매매는 언제 이루어지는가 _ 58
3. 거래호가 단위와 가격제한폭 _ 60
4. 종합주가지수는 어떻게 산정되는가 _ 61
5. 주식매매는 어떤 유형이 있는가 _ 62
6. 투자자와 스튜어드십 코드(수탁자 책임원칙) _ 63

07. 주식 분류와 기업가치(주가) _ 65
1. 보통주와 우선주는 어떻게 다른가 _ 65
2. 자기주식(자사주)과 유통주식 _ 65
3. 경기민감주/경기방어주, 성장주/가치주(자산주) _ 66
4. 내재가치는 어떤 지표로 평가하는가 _ 67
5. 시장배수평가지표들 _ 68

제2장 기업 재무제표와 주요 계정과목

01. 재무상태표 _ 72
1. 자산·부채·자본의 재무적 특성 _ 72
2. 재무상태표 분류 _ 77
3. 재무상태표는 어떻게 볼 것인가 _ 81

02. 포괄손익계산서 _ 84
  1. 수익과 비용 _ 84
  2. 손익계산서 구성 요소 _ 86
  3. 포괄손익(Comprehensive income) _ 89
  4. 포괄손익계산서에서 알 수 있는 내용 _ 91
  5. 포괄손익계산서 보는 법 _ 94

03. 자본변동표 _ 97

04. 현금흐름표 _ 98
  1. 발생기준과 현금기준 _ 98
  2. 활동별 현금흐름 _ 99
  3. 현금증감액과 증감원천 _ 100
  4. 현금흐름의 질적 구조 _ 101

05. 주요계정과목 _ 104
  1. 현금및현금성자산(Cash & cash equivalents) _ 104
  2. 매출채권과 대손충당금 _ 106
  3. 판매목적 재고자산 _ 109
  4. 유가증권 _ 112
  5. 공정가치평가손익과 지분법손익 _ 114
  6. 유형자산의 감가상각비 _ 115
  7. 영업권 _ 117
  8. 이연법인세(Deferred taxes) _ 118
  9. 매입채무(Trade payable) _ 120
  10. 단기차입금 _ 121
  11. 회사채 _ 123

12. 자본 _ 124
13. 주요 비용 _ 126

제3장 재무제표 분석

01. 재무제표 분석 용어 _ 130
1. 재무분석 판단 요소 _ 130
2. 재무제표 분석 시 알아야 할 용어 _ 131

02. 수익성 분석 _ 132
1. 자본수익성 _ 132
2. 매출수익성 _ 135
3. 자산활동성 분석 _ 137

03. 재무구조 분석 _ 141
1. 재무구조 안정성 _ 141
2. 재무구조 유동성 _ 143

04. 성장성 분석 _ 146
1. 양적 성장성 _ 146
2. 질적 성장성 _ 147

05. 기업가치 분석 _ 149
1. 장부가치(BV, Book-value) _ 149
2. 시장가치(MV, Market-value) _ 150
3. 시장배수에 의한 기업가치 평가예시 _ 153

제4장 재테크를 위한 화폐가치와 세금

01. 화폐의 시간적 가치 _ 156
1. 지금 돈이 좋은가, 나중 돈이 좋은가 _ 156
2. 미래가치와 현재가치 _ 157
3. 미래가치와 현재가치 계산 _ 160
4. 미래금액과 현재금액 계산 예시 _ 161
5. 편리하게 계산하는 방법 _ 162

02. 미래가치와 현재가치 활용사례 _ 167
1. 미래현금흐름 분류 _ 167
2. 이자율과 화폐가치 _ 168
3. 연금의 미래가치와 현재가치 _ 169

03. 투자할 것인가, 말 것인가 _ 172
1. 투자 판단기준 _ 172
2. 투자할 것인가의 판단 _ 173

04. 알아야 할 세금 관련 지식 _ 175
1. 일상생활에서 발생하는 세금 _ 175
2. 우리나라에는 어떤 세금이 있는가 _ 176
3. 법인세와 소득세 _ 177
4. 부가가치세 _ 186
5. 증권 관련 세금 _ 188
6. 증여세 계산과 절세전략 _ 190
7. 상속세 계산과 절세전략 _ 192
8. 누진세율에 의한 세액 계산(예시) _ 194

제5장 주식투자를 위한 재무관리 이슈

01. 기업가치 평가 _ 196
1. 기업가치 평가 목적 _ 196
2. 평가방법과 예시 _ 197

02. 기업 가중평균자본비용(WACC) 개념 _ 206
1. 기업 가중평균자본비용 _ 206
2. 타인자본비용 _ 207
3. 자기자본비용 _ 208

03. 기업위험과 β계수 _ 210
1. 기업위험 _ 210
2. β계수 _ 211

04. 액면가액의 진실 : 황제주와 동전주 _ 213
1. 주가의 상대비교 _ 213
2. 액면변경 _ 214
3. 황제주와 동전주 _ 215
4. 액면가액 결정 _ 216

05. 이익에 대한 배당금 _ 217
1. 배당가능이익과 배당 관련 지표들 _ 217
2. 배당금 분류와 배당기준일 _ 219
3. 2020년 삼성전자 배당금 예시 _ 220

06. 자본금 변동 : 증자와 감자 _ 222
    1. 유상증자/무상증자 _ 222
    2. 증자는 독일까 약일까 _ 224
    3. 감자 _ 226

07. 자본잠식과 결손보전 _ 228
    1. 주주자본 구조 _ 228
    2. 자본잠식 _ 230
    3. 결손보전 _ 231
    4. 아시아나항공(4,210원)과 SK하이닉스(135원) 감자 사례 _ 233

08. 권리부주가와 권리락주가 계산 _ 236

09. 투자수익률 계산 _ 238

10. 사업결합과 기업분할 _ 240
    1. 사업결합과 영업권 _ 240
    2. 기업분할 _ 242

11. 지분법 평가 _ 245
    1. 관계기업 _ 245
    2. 지분법 _ 245

12. 주식투자 재무 레버리지 효과 _ 247
    1. 투자손익 레버리지 _ 247
    2. 영업손익 레버리지 _ 248

13. 기회비용과 매몰비용 (목표수익률과 손절매) _ 250
    1. 기회비용과 목표수익률 _ 250

2. 매몰비용과 손절매, 세일 _ 252

14. PER/PBR의 이론과 현실 _ 255

15. 전환사채와 신주인수권부사채는 기업가치(주가)에
   어떤 영향을 주는가(희석주당이익) _ 257

16. 기업가치 분석사례 _ 259

17. 파생상품 거래 _ 264
   1. 선도거래 _ 264
   2. 선물거래 _ 266
   3. 옵션거래 _ 267
   4. 스왑거래 _ 273

18. 투자경제성 분석 _ 274
   1. 투자금액 회수기간(PBP) _ 274
   2. 연수익률은 얼마나 되는가(IRR) _ 275
   3. 투자하여 순 버는 돈은 얼마인가(NPV) _ 277
   4. Excel을 이용한 IRR, NPV 계산방법 _ 278

19. 주요기업의 PER/PBR/β계수 분석 _ 281

   부록 1 : 주요 용어 _ 284
   부록 2-1 : 미래가치 계수표 _ 299
   부록 2-2 : 현재가치 계수표 _ 300
   부록 2-3 : 연금현재가치 계수표 _ 301

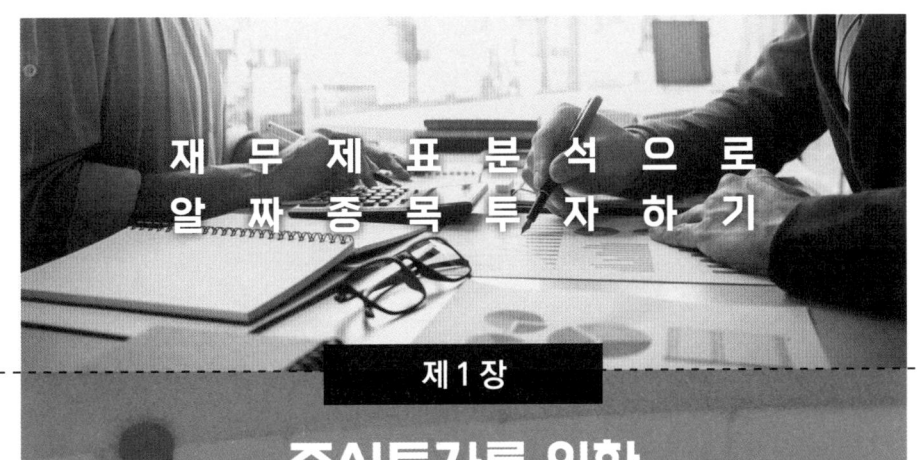

재무제표분석으로
알짜종목투자하기

제 1 장

주식투자를 위한
재무 기초지식

01 회사 분류와 주식회사

1. 법인과 회사 분류

　법인法人에서 인人은 사람이 법률적으로 권리의무의 주체가 된다는 의미이다. 인간은 생명체이므로 생존하는 동안 자연인으로서 권리의무의 주체가 되지만 기업은 비생명체이므로 권리의무의 주체가 될 수 없다.

　그러나 개별 기업들은 여러 곳에 건물과 생산시설을 소유하고 있으므로 경제적 실체로서 재산에 관하여 권리의무의 주체가 되어야 한다. 따라서 법률에 의하여 기업에 자연인처럼 권리의무의 주체가 되도록 인위적으로 인격을 부여하는데 이것이 법인 개념이다. 경제적 실체로서 권리의무 주체가 되는 인격체는 자연인과 법인 두 가지이다.

　법인은 회사 형태로 운영되며 사단법인과 재단법인 두 종류가 있는데 사단법인은 일정한 목적을 위하여 결합한 사람의 집단(사원)으로 법률상 권리·의무의 주체가 되는 법인이며, 재단법인은 일정한 목적의 재산에 대하여 법인격을 부여한 단체로 업무상 종업원은 있지만 구성원인 사원은 존재하지 않는다.

　법인은 영리법인과 비영리법인으로 나뉘는데 영리법인이란 구성원(사원)들의 이익을 창출하여 구성원에게 이익분배하는 것을 의미하며 영리적 사업이라는 의미는 아니다. 비영리법인은 구성원인 사원에 대한 이익분배가 없다는 뜻이다.

　그러므로 사단법인은 영리법인과 비영리법인으로 나누어지지만 재단법인은 영리법인이 있을 수 없고 전부 비영리법인이다.

법인으로서 회사는 현행 상법상 다음의 다섯 종류가 있다.

회사 용어에서 '사원'이라는 개념은 일반적인 사원, 대리, 과장 등의 직급으로 종업원의 의미가 아니고 회사의 구성원, 즉 회사 주인이라는 뜻이다.

1) 합명회사

합명회사는 모든 사원이 무한책임사원으로 구성되며 회사 채권자에 대하여 직접, 연대, 무한 책임을 부담하므로 회사업무운영에 대한 권리와 의무를 가지며 사원의 지위를 자유롭게 이전할 수 없다. 사원 간 인적 신뢰관계가 깊은 소수의 공동기업에 적합하다.

2) 합자회사

합자회사는 무한책임사원과 회사채권자에 대하여 출자액을 한도로 책임 부담하는 유한책임사원으로 구성되며 기업경영은 무한책임사원이 집행한다. 역시 소수인의 공동기업에 적합하다.

3) 유한책임회사

1인 이상 사원의 출자에 의하여 설립하는 회사이며 각 사원은 출자금액 한도로 책임을 부담한다. 인적공헌비중이 높은 청년벤처창업, 컨설팅, 투자펀드 업종에 적합하다.

4) 주식회사

주식의 한 주당 액면가액을 소액으로 분할 발행하여 투자자(주주)로부터 자본을 조달하고 주주는 출자가액 한도로 책임지는 유한책임이며 기업경영에는 직접 참여하지 않고 이사회에 위임한다. 주주가 많고 대규모 자본이 필요한 기업에 적합하다.

5) 유한회사

출자액을 한도로 간접 유한책임을 부담하는 유한책임사원으로 구성되어 주식회사와 유사한 형태이지만 소규모 자본으로 운영되기 때문에 중소기업에 적합하다.

2. 주식회사

1) 주식회사 구조와 특징

주식회사는 주식을 발행하여 투자자인 주주에게 주권을 교부하고 주주로부터 자본을 출자받아 설립되는 법인체이다. 주식발행이란 추상적 개념이고 구체적 실물은 주권발행이다.

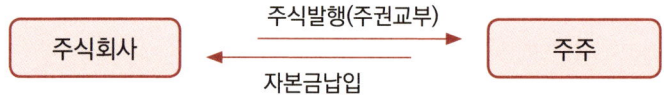

(1) 주주와 주주총회

주주는 주식회사의 자본금을 납입하는 주인으로서 지위를 가지며 특별한 예외의 경우를 제외하고 주주자격에 제한이 없으며 회사의 주인으로서 주주총회에서 중요한 의사결정을 한다.

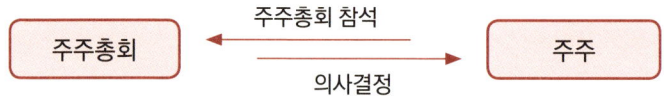

(2) 이사와 이사회

주주는 주주총회에서 중요한 의사결정을 하지만 주주들은 지역별, 직업별 천차만별이므로 직접 경영활동은 할 수 없다. 예를 들면 서울에 사는 회사원이나 공무원도, 제주도에서 감귤농사 하는 농부도, 어촌에 사는 어부도 모두 기업의 주주가 될 수 있기 때문이다.

따라서 주식회사의 경영집행은 주주총회에서 이사를 선임하여 경영을 위임하고 이사는 경영결과에 책임을 진다. 선임된 이사들의 의사결정 기구가 이사회이다.

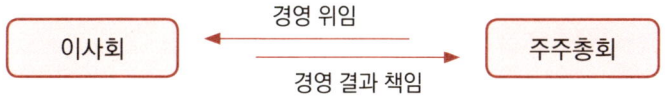

(3) 주식회사의 특징

① **대규모 자금조달이 용이하다.**
- 주식회사는 1주당 주식가격(액면가액)을 소액으로 발행하거나 분할하여 소액투자자 등 많은 투자자로부터 거액의 자금조달이 가능하다.
- 상법상 액면가액은 100원 이상으로 규정되어 있으며 현재 100원, 200원, 500원, 1,000원, 2,500원, 5,000원, 10,000원, 무액면가액 등의 종류가 있다.

② **소유와 경영 분리로 효율적인 경영관리를 할 수 있다.**

주주(주주총회)는 기업 소유주이지만 각자 본업이 있는 경우 경영 참여가 어려우므로 주주총회에서 선임한 전문경영인인 이사가 경영하기 때문에 경영효율이 높다.

③ **주식 취득 및 양도가 자유롭다.**

투자자 및 주주는 주식매매를 통하여 취득과 양도가 자유롭게 이루어져 환금이 용이하므로 자금조달이 원활하다.

④ 주주는 유한책임이다.

주식회사의 주주는 출자가액 한도로 하여 간접유한책임을 부담하므로 주주모집 구성이 용이하다.

2) 주식회사의 자금조달

(1) 주식발행에 의한 자금조달

주식회사는 주식을 발행하여 주주에게 주권을 교부하고 주주로부터 자금을 조달한다.

(2) 주식회사의 자본금

① 납입자본금과 수권자본금
- 납입자본금 : 주주가 이미 납입한 자본금(액면가액 × 발행한 주식수)
- 수권자본금 : 주주가 향후 납입할 자본금(액면가액 × 발행할 주식수)

② 보통주자본금과 우선주자본금

주식의 권리는 주주총회에서의 의결권과 이익에 대하여 배당받을 배당권이다. 보통주는 여러 종류의 주식을 발행할 때 기준이 되는 주식이며 우선주는 보통주보다 이익배당을 많이 받을 우선권이 있는 반면 의결권이 없는 주식이다.

우선주는 보통주 대비 발행규모가 작고 의결권이 없으므로 주가가 보통주 대비 낮다. 주가는 상대적으로 낮지만 보통주 대비 배당률이 1%P 많다. 즉 배당수익률[(배당금/주식매입가액)×100]이 높으므로 소액 일반투자자에게는 투자수익 측면에서 유리하다. 따라서 특히 연말 배당부시점에서 우선주에 많은 관심을 갖게 되고 우선주 주가는 상승하는 경향이 있다.

(3) 주식가액

주식가액은 액면가액과 발행가액으로 나누어진다.

① 액면가액 : 주식 1주를 발행하는 기준가액으로 회사설립 시 액면가액을 결정하며 액면가액은 정관에 기재되고 등기사항이다. 회사설립 이후 특정목적에 따라 액면가액 변경이 가능하다(액면분할, 액면병합).
② 발행가액 : 발행 주식에 대하여 주주가 실제로 납입하는 가액이다.

(4) 주식발행 유형

주식발행 유형으로는 액면발행, 할증발행, 할인발행이 있다.

① 액면발행은 액면가액(예, 5,000원)과 발행가액(예, 5,000원)이 같은 경우이며 발행차액은 없다.
② 할증발행은 액면가액(예, 5,000원)보다 발행가액(예, 8,000원)이 높은 경우이며 발행가액과 액면가액의 차액(예, 3,000원)인 주식발행초과금은 자본잉여금으로 분류한다.
③ 할인발행은 액면가액(예, 5,000원)보다 발행가액(예, 4,000원)이 낮은 경우이며 차이 금액(예, △1,000원)인 주식할인발행차금은 자본조정(기타자본조정)으로 분류한다.

이론적으로 주식회사 설립 초기에는 잉여금이 없어 발행가액은 액면가액으로 발행하지만 이후 잉여금 크기에 따라 발행가액이 결정된다고 볼 수 있으며 상장기업의 경우 잉여금이 시장가치(주가)에 반영되므로 잉여금 크기나 주가에 의하여 발행가액이 결정된다.

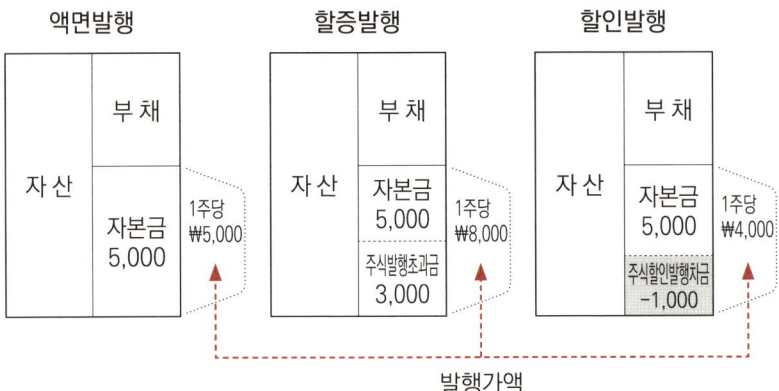

02 재무제표 개요

특정기업의 주식매매를 통하여 돈을 벌려는 투자 목적, 돈을 빌려주고 이자수입을 받으려는 자금대여 목적, 특정기업과의 거래 목적, 소비자는 구매 목적, 취업준비생의 취업 목적… 등의 의사결정을 할 때 이해관계자들은 해당 기업이 재무적으로 건실한지 아닌지 판단하게 된다.

기업은 법이 정하는 바에 따라 의사결정 근거가 되는 재무정보를 의사결정 이해관계자에게 의무적으로 제공하는데 이러한 역할을 하는 것이 재무제표이다. 재무제표는 일정기간의 경영활동으로 발생한 돈의 흐름 결과를 수치로 나타내는 재무자료로 회사가 돈을 얼마나 버는지, 재산이 어느 정도인지, 현금이 얼마나 많은지 등의 재무정보가 들어 있다.

경영활동이라 함은 구매·생산·R&D·판매·일반관리·자금조달/상환 등 모든 활동이며, 일정기간이란 1년이지만(이를 결산기간, 사업연도라 한다) 반드시 1월 1일에서 12월 31일까지는 아니며 결산기간은 회사가 임의로 결정한다.

재무제표는 일정기간의 경영성과인 **손익계산서**, 현금흐름 증감을 나타내는 **현금흐름표**, 주주자본증감을 나타내는 **자본변동표** 그리고 결산기말의 자산, 부채, 자본 구조내용을 보고하는 **재무상태표**와 중요한 재무보고 항목에 대한 보충 설명을 담은 **주석**의 다섯 가지로 구성된다.

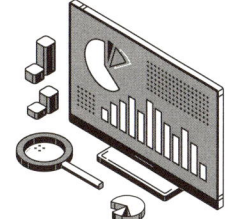

⟨재무제표 구성⟩

| 재무상태표 (F/P, Financial position, B/S, Balance sheet) | 일정시점(결산일) 현재 기업의 자산, 부채, 자본, 즉 재산 상태의 재무정보를 제공하는 재무제표 |

| 포괄손익계산서 (I/S, Income statement) | 일정기간(결산기간)의 수익, 비용, 이익 및 포괄손익, 즉 경영성과의 재무정보를 제공하는 재무제표 |

| 자본변동표 (Statement of changes in equity) | 일정기간 자본의 변동에 관한 재무정보를 제공하는 재무제표 |

| 현금흐름표 (SCF, Statement of cash flow) | 일정기간(결산기간)의 현금유입, 현금유출, 즉 현금흐름 성과의 재무정보를 제공하는 재무제표 |

| 주 석 (Foot-note) | 주요 계정과목에 대한 보충적 내용의 재무정보를 제공하는 재무제표 |

1. 재무제표에서 알 수 있는 내용들

1) 과거 일정기간의 경영실적을 알 수 있다

첫째, 손익계산서에서 결산기간의 번 돈인 수익에서 쓴 돈인 비용을 차감한 당기순손익과 주로 자산가치 변동손익인 기타포괄손익, 즉 포괄손익(comprehensive income)을 알 수 있다.

(총)포괄손익 = 당기순손익 ± 기타포괄손익

※ 당기순손익과 기타포괄손익을 합친 금액을 '총포괄손익' 또는 '포괄손익'이라 한다.

둘째, 현금흐름표에서 결산기간 동안 들어온 현금유입액과 현금이 지출된 금액인 현금유출액 그리고 현금유입액에서 현금유출액을 차감한 순현금증감액(현금흐름액)을 알 수 있다.

※ 재무제표에서는 현금수입액을 현금유입액이라 하고 현금지출액을 현금유출액이라고 표현한다.

셋째, 재무상태표에서 결산기말 현재 미래수익창출에 기여할 수 있는 자산보유 내용과 그 자산을 보유하기 위한 돈의 조달인 부채와 자본 내용을 알 수 있다.

2) 과거 실적을 토대로 미래 재무흐름을 예측할 수 있다

현재 상태에서 재무현상을 분석하고 여기에 미래 재무예측치를 반영하여 미래 예측정보로 활용할 수 있다.

이러한 재무제표는 해당 기업의 이해관계자들이 활용한다.

이해관계자(interest group)는 외부 이해관계자와 내부 이해관계자로 나눌 수 있다.

외부 이해관계자는 특정기업과 직간접적으로 돈 관계가 있는 집단을 말한다. 구체적으로 해당 기업의 주식을 매매하려는 투자자(주주), 돈을 빌려주는 금융기관 등의 채권자, 부품이나 원부재료 등을 납품하는 협력업체, 재화나 서비스를 구매하는 소비자, 세금을 징수하는 조세 당국, 해당 기업의 업종에 대한 산업정책 목적의 정부 관계부처 또는 기관, 투자자들에게 유익한 재무정보를 분석 제공하는 금융투자업의 증권 관계기관 등이다.

내부 이해관계자는 재무제표 내용을 분석하여 향후 경영관리에 효율적으로 활용하려는 기업 내부의 경영자 및 관리자이다.

구 분		의사결정 목적
외부 이해 관계자	• 투자자 • 채권자 • 협력업체 • 소비자 • 조세당국 • 정부기관 • 증권관계기관 • 종업원	• 주식매매를 통한 배당수익이나 시세차익이 얼마나 될 것인가 • 돈을 빌려주고 원금과 이자를 떼이지 않겠는가 • 납품대금을 제때에 받을 수 있겠는가 • 양질의 제품이나 서비스를 제공받을 수 있는가 • 조세신고 납부가 성실한가 • 산업별 경제정책 수립 • 투자자에게 유용한 투자정보 제공 • 합리적인 성과 보상 및 복리후생
내부 이해 관계자	• 경영자/관리자	• 어떻게 하면 매출을 늘리고 이익을 증대시킬 수 있는가 • 재무구조를 개선하고 현금흐름을 원활하게 하려면 무엇을/어떻게 해야 하는가

2. 회계재무 정보

기업이 제공하는 회계재무 정보는 이해관계자의 활용목적에 따라 재무회계, 세무회계, 관리회계로 나누어진다.

1) 재무회계(Financial accounting)

투자자·채권자 등 기업의 외부 이해관계자가 목적에 따라 의사결정할 수 있도록 제공하는 재무 회계정보이며 금융감독원 전자공시 사이트(dart.fss.or.kr)에 공시되는 감사보고서, 사업보고서 등이다.

2) 세무회계(Tax accounting)

정부에 법인세 등 세무신고납부를 위하여 정보를 제공하는 회계이며 조세당국에 제출되는 법인세 과세표준신고서 등이다.

3) 관리회계(Managerial accounting)

경영자나 관리자가 과거 경영실적을 분석하여 향후 어떻게 하면 매출액과 이익을 증대시키고 유동성을 풍부하게 하며 재무구조를 건실하게 할 수 있을지 경영관리 효율화 목적으로 기업 내부에서 활용하는 회계정보자료로, 경영실적 분석자료 및 사업계획서 등이 해당한다. 세 가지 회계정보를 비교하면 아래와 같다.

구 분	재무회계	세무회계	관리회계
목적	외부보고	세무신고	내부관리
정보이용자	투자자, 채권자, 거래선 등	세무당국	내부 경영자
적용기준	기업회계기준	법인세법 등	내부관리 기준
법적근거	강제성	강제성	임의성
시기	결산기, 반기, 분기	결산기, 반기	수시
보고서	감사보고서(분기)* 사업보고서(연간)*	법인세 과세표준신고서	내부 보고서
범위	전사	전사	사업단위
성격	과거 실적 중심	과거 실적 중심	미래 예측 중심

* 상장기업 기준

3. 주식투자 시 재무제표를 왜 알아야 하는가

재무제표는 경영활동 결과를 화폐적 금액으로 표시한 재무자료로 경영활동 성적표이다. 얼마나 많이 팔고 많이 벌었느냐의 수익성(이익 크기)은 손익계산서에, 그 결과 재산증감이나 재무구조를 나타내는 안정성과 유동성(주주자본 크기와 단기지급능력)은 재무상태표에 그리고 현금수입지출 결과인 현금흐름이 얼마나 좋은가는 현금흐름표에 나타난다.

투자자는 기업재무제표 내용을 합리적으로 분석하여 우량기업인지 부실기업인지 알 수 있다. 기업가치인 주가는 1차적으로 재무적 측면에서 얼마나 건실한가에 따라 결정되기 때문이다.

재무성과가 매우 좋은 삼성전자 같은 초우량기업의 주가가 높은 것은 성장성, 수익성, 재무구조가 건실하기 때문이다. 따라서 주식투자에는 기본적으로 재무제표 구조와 주요항목의 분석방법을 알아야 한다. 혹자는 재무제표는 과거실적이기 때문에 효용가치가 낮다고 하지만 우리가 역사를 공부하는 것은 과거분석을 통하여 미래를 설계하기 위함이다.

마찬가지로 기업도 재무제표 실적 분석을 토대로 합리적으로 미래예측을 하는 것이며, 실적이든 추정이든 손익 및 재무구조 형태와 항목은 같기 때문에 재무제표 구조와 주요항목을 반드시 알아야 한다.

본서 제2장과 제3장에 재무제표 구조와 분석내용이 구체적으로 정리되어 있다.

4. 재무제표 공시와 감사보고서 · 사업보고서

1) 재무제표 공시

기업은 재무정보 이용자가 언제든지 재무제표를 활용할 수 있도록 금융감독원에 감사보고서와 사업보고서를 전자공시해야 한다. 전자공시는 1999년 사업연도 재무자료부터 시행되었으며 이전에는 우리나라 인터넷 환경인프라가 미흡하여 전자공시가 아니고 여의도 증권거래소 공시실에 문서로 감사보고서를 공시하였다. 당시 타기업 또는 경쟁기업의 재무정보를 알기 위해서 증권거래소 공시실에서 고속복사기에 복사(1매당 40원)하여 재무정보를 활용하였다.

현행 전자공시사이트는 'dart.fss.or.kr'이며 공시대상 기업은 상장기업 및 상장예정기업뿐 아니라 '주식회사등의 외부감사에 관한 법률'에 의하여 외부감사를 받아야 하는 모든 법인이다.

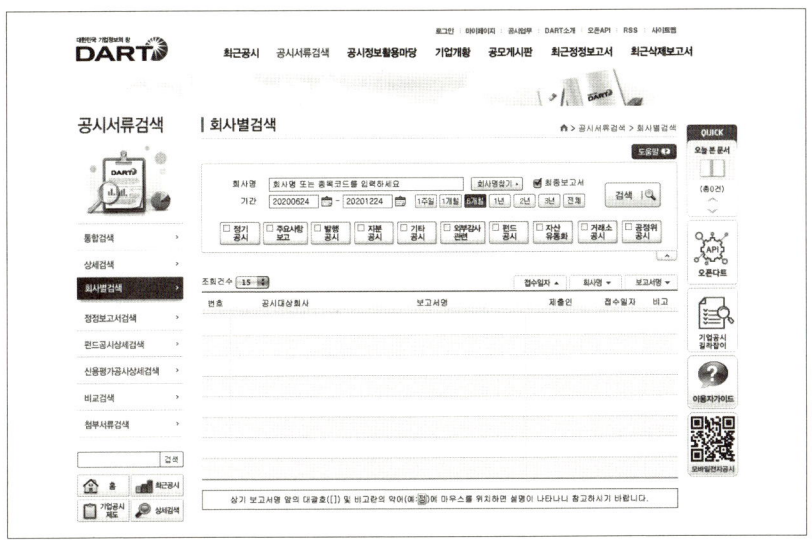

　공시하는 내용은 상장기업 경우 매 분기보고서와 연간감사보고서 및 사업보고서(1년 단위)이며, 비상장기업은 연간감사보고서이다. 그외 '자본시장 및 금융투자업법'에서 정하는 모든 공시내용이다.

2) 감사보고서

(1) 독립된 감사인의 감사보고서
　감사의견, 감사의견근거, 핵심감사사항, 재무제표에 대한 경영진과 지배기구의 책임, 재무제표 감사에 대한 감사인의 책임

(2) 재무제표(재무상태표, 포괄손익계산서, 자본변동표, 현금흐름표)

(3) 주석 : 주요계정과목에 대한 보충적 설명

(4) 내부회계관리제도 감사 또는 검토의견 : 감사의견, 감사의견근거, 경영

진과 지배기구의 책임, 감사인의 책임

(5) 외부감사 실시내용으로 구성된다.

※ 내부회계관리제도는 외감법 제8조에 의하여 내부회계관리규정과 이를 관리·운영하는 조직구축, 내부회계관리제도 설계 및 운영개념체계 등이다.

(6) 감사의견

외부감사인은 기업이 작성한 재무제표 내용과 회계처리 내용에 대하여 감사의견을 표명한다.

① 적정의견 : 재무제표가 기업회계기준에 따라 작성되고 감사증거자료를 검토한 결과 중요성 관점에서 위배사항과 불확실한 사항이 없을 때
② 한정의견 : 재무제표 내용 중 일부가 기업회계처리기준에 위배되거나 합리적 증거를 얻지 못하여 관련되는 사항이 재무제표에 영향을 줄 수 있다고 인정되는 경우 이런 영향을 제외하고 적정하다는 의견
③ 부적정의견 : 재무제표가 기업회계기준에 따라 작성되지 못하고 위배사항이 중요하여 왜곡표시되므로 무의미하다고 인정되는 경우
④ 의견거절 : 감사의견을 형성하는데 필요한 합리적 증거를 얻지 못하여 재무제표 전체에 대한 의견표명이 불가능하거나 기업 존립에 의문이 드는 경우

상장기업이 한정의견을 받으면 관리종목으로 등록되며 연속하여 2차례 한정의견이면 상장폐지 사유가 된다.

3) 사업보고서

사업보고서는 아래와 같은 내용으로 구성된다.

(1) 회사 개요

① 회사 개요 : 회사 명칭, 설립일자, 본사주소, 주요사업내용, 계열사에 관한 사항
② 회사 연혁 : 설립일부터 현재까지의 연혁
③ 자본금 변동사항
④ 주식 총수 : 자기주식, 우선주 등 주식의 종류
⑤ 의결권 현황 : 의결권 행사제한 주식
⑥ 배당에 관한 사항 : 배당금 및 배당수익률

(2) 사업 내용

① 사업부문별현황
② 사업부문별 재무현황
③ 주요제품매출/가격변동
④ 주요원재료현황/가격변동
⑤ 생산능력/생산실적/가동률
⑥ 주요제품별 매출실적
⑦ 시장위험과 위험관리
⑧ 연구개발활동
⑨ 그 밖의 투자의사결정에 필요한 사항

(3) 재무에 관한 사항

① 요약재무정보
② 연결재무제표
③ 연결재무제표 주석
④ 재무제표
⑤ 재무제표 주석

⑥ 기타재무에 관한 사항

(4) 이사의 경영진단 및 분석의견
① 예측정보에 대한 주의사항
② 부문별 영업실적분석 : 매출액/영업이익

(5) 감사인의 감사의견 등
① 회계감사인의 의견 등
② 내부통제에 관한 사항

(6) 이사회 등 회사의 기관에 관한 사항
① 이사회에 관한 사항
② 감사제도에 관한 사항
③ 주주의 의결권행사에 관한 사항

(7) 주주에 관한 사항
① 최대주주 및 특수관계인의 주식 소유 현황
② 주식 분포현황
③ 소액주주현황
④ 주가 및 주식거래실적

(8) 임원 및 직원 등에 관한 사항
① 임원 현황
② 직원 현황 : 평균근속연수, 1인평균급여액, 임원 보수 등(개인별 보수지급액)

(9) 계열회사 등에 관한 사항
① 계열회사 현황
② 관계기업 및 자회사 지분 현황

(10) 이해관계자와의 거래 내용

(11) 그 밖의 투자자 보호를 위하여 필요한 사항
① 주주총회 의사록 요약
② 중요한 소송사건 등

4) 실적보고

실적보고 기간을 어닝시즌(earning season)이라 하며 실적공시는 매분기 종료일부터 45일 이내, 연간실적은 결산기간 종료일부터 3개월 이내 공시한다. 예를 들어 12월 결산법인의 경우 실적공시 일정은 다음과 같다.

① 1분기 실적보고 : 매년 5월 15일(3월 31일부터 45일 이내)
② 2분기 실적보고 : 매년 8월 14일(6월 30일부터 45일 이내이며 7월이 31일이기 때문에 8월 15일이 아니고 8월 14일이 됨)
③ 3분기 실적보고 : 매년 11월 15일(9월 30일부터 45일 이내)
④ 연간 보고 : 익년 3월 31일

(1) 어닝서프라이즈(Earning surprise, 깜짝 실적)

매출 및 영업이익 실적이 증권시장의 예측치(실적컨센서스라 함)보다 매우 높은 경우 '어닝서프라이즈'라고 한다.

(2) 어닝쇼크(Earning shock, 실적 부진)

매출 및 영업이익 실적이 실적컨센서스에 크게 미흡할 경우 '어닝쇼크'라고 한다.

(3) 삼성전자 실적보고 공시(예시)

21.01.08. 공시한 기업설명회 IR 자료

기업설명회(IR) 개최(안내공시)			
1. 일시 및 장소	일시	######	10:00
	장소	-	
2. 참가 대상자		투자자, Analyst 및 언론 등	
3. 개최목적		2020년 4분기 경영실적 발표	
4. 개최방법		Conference Call	
5. 후원기관		-	
6. 주요 설명회내용(요약)		2020년 4분기 경영실적 및 Q&A	
7. 결정일자			2021-01-08
8. IR 자료		게재일시	2021-01-28
		관련 웹페이지	https://www.samsung.com/sec/ir
9. 기타 투자판단과 관련한 중요사항		- 2020년 4분기 Conference Call : 2021년 1월 28일 오전 10시 00분 예정 (한국어/영어 동시 진행) - 투자자의 편의를 위하여 삼성전자 IR 홈페이지 내 Webcasting 병행 실시 - 회사가 발표하는 기업설명회 자료는 발표 당일 홈페이지를 참조하시기 바랍니다. (IR 홈페이지 → 재무정보 → 실적발표) ·국문 IR 홈페이지 https://www.samsung.com/sec/ir ·영문 IR 홈페이지 https://www.samsung.com/global/ir	
※ 관련공시	-		

5. 연결재무제표 · 개별재무제표 · 별도재무제표

1) 연결재무제표

어닝시즌에 기업들이 실적을 발표할 때 '연결기준으로 매출액과 영업이익이 전분기 대비…' 이런 표현을 많이 접할 것이다. 이것은 상장기업의 경우 K-IFRS(국제회계기준)를 적용해야 하며 국제회계기준에서는 연결재무제표가 주 재무제표이기 때문에 '연결기준'이라고 한다.

연결재무제표는 각각의 기업이 법적으로 별개의 독립된 기업이라도 지배기업이 종속기업에 대하여 지배력이 있다면 경제적 실체에서는 하나의 기업으로 보아 지배·종속기업의 재산과 손익을 합계한 금액에서 내부거래를 차감하여 작성되는 재무제표이다. 간단한 예시를 통하여 연결재무제표를 정리해 본다.

연결재무제표 예시 어느 가정에 아버지와 엄마는 각각 따로 돈 계산을 하고 있다. 2021년 아버지 연봉이 5천만원이고 이중 엄마에게 생활비로 3천만원을 준다. 엄마는 알바하면서 1천만원을 벌고 있다.

2021년 아버지와 엄마의 재산은 각각 다음과 같다.

- 아버지 재산 : 2021년 말 현재 자산 5억2천만원, 부채 3억4천만원(이중 엄마에게 빌린 돈 1천5백만원 있음)
- 엄마 재산 : 2021년 말 현재 자산 4천만원(아버지에게 빌려준 돈 1천5백만 원 포함), 부채 1천2백만원

아버지를 (a), 엄마를 (b)로 봤을 때 (a), (b)가 개별손익계산서이고 (a), (b)를 합친 (c)는 결합손익계산서이며 우리집 전체를 경제실체로 보면 아버지와 엄마 간 주고받은 내부 거래인 생활비 3천만원을 제거한 (d)가 연결손익계산서이다.

이를 기준으로 손익계산을 하면 다음과 같다.

〈손익계산서〉 (단위 : 만원)

구 분	아버지 (a)	엄마 (b)	계(결합) (c), (a+b)	조정	계(연결) (d)
A. 수 익	5,000	4,000	9,000	△3,000	6,000
(연 봉)	5,000	3,000	8,000	△3,000	5,000
(알 바)	-	1,000	1,000	-	1,000
B. 비 용	3,800	3,500	7,300	△3,000	4,300
(생 활 비)	3,000	3,200	6,200	△3,000	3,200
(개별활동)	800	300	1,100	-	1,100
C. 이 익	1,200	500	1,700		1,700

(주) △3,000 : 아버지가 엄마에게 준 엄마의 수입과 생활비 3,000만원은 2중 수입이므로 제거

재무상태표는 아래와 같을 것이다.

〈재무상태표〉 (단위 : 만원)

구 분	아버지 (a)	엄마 (b)	계(결합) (c), (a+b)	조정	계(연결)(d)
A. 자 산	5억2,000	4,000	5억6,000	△1,500	5억4,500
(외 부)	5억2,000	2,500	5억4,500	-	5억4,500
(내 부)	0	1,500	1,500	△1,500	0
B. 부 채	3억4,000	1,200	3억5,200	△1,500	3억3,700
(외 부)	3억2,500	1,200	3억3,700	-	3억3,700
(내 부)	1,500	0	1,500	△1,500	0
C. 자 본	1억8,000	2,800	2억800	-	2억800

(주) △1,500 : 엄마가 아빠에게 빌려준 금액은 2중 재산이므로 제거

재무상태표도 아버지와 엄마를 각각의 경제실체로 할 때 (a), (b)와 같이 되지만 우리집 가족 단위를 경제실체로 간주하면 아버지와 엄마 간 빌린 돈과 빌려준 돈(1천5백만원)은 엄마의 자산과 아버지 부채에서 각각 차감하여 계산한 (d)가 연결재무상태표이다.

연결재무제표는 법적으로 별개의 독립된 기업이지만 지배기업이 타기업에 대하여 지배력을 갖는 경우(이를 지분율 50% 이상인 '종속기업투자주식'이라 한다) 경제

적으로 하나의 기업으로 보아 작성되는 재무제표이다.

K-IFRS에서는 연결재무제표를 주재무제표로 하면서 개별재무제표도 공시하도록 하고 있다.

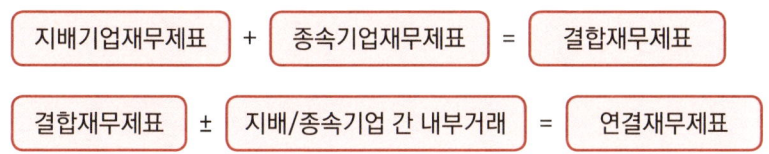

〈연결재무제표 용어〉

① 지배기업 : 하나 이상의 종속기업을 가지고 있는 기업

② 종속기업 : 지배기업의 지배를 받는 기업으로서 지배기업이 50% 이상 지분을 보유하는 기업

③ 지배력 : 경제활동에서 효익을 얻기 위하여 주요한 재무정책과 영업정책을 결정할 수 있는 권한과 능력

④ 지배기업 소유주지분 : 연결된 자본총계 중 지배기업 지분율에 해당되는 지분금액

⑤ 비지배지분 : 지배기업이 직접 또는 간접으로 소유하지 않는 종속기업의 지분금액이며 과거에는 소수주주지분이라 하였다.

⑥ 내부거래 제거
- 매출액과 매입액 상계 제거
- 기말재고 자산(연결대상 회사 간 매출매입되었으나 외부로 안 팔리고 보유하고 있는 재고자산)에 포함된 미실현 이익 제거
- 채권과 채무의 상계 제거
- 종속기업투자주식과 종속기업 자본금 상계 제거

2) 개별재무제표

개별재무제표는 법인단위 개별기업의 재무제표이다.

개별재무제표는 두 가지 형태로 작성할 수 있는데 종속기업이 있는 지배기업은 투자자산을 원가법 또는 공정가치법으로, 종속기업이 없는 기업은 지분법으로 작성한다.

3) 별도재무제표

별도재무제표란 종속기업이 있는 지배기업의 연결재무제표 이외 별도의 개별재무제표이며 지배기업 및 관계기업이 피투자기업의 보고된 성과와 순자산기준(지분법)으로 하지 않고 원가법, 공정가치법으로 평가한 투자금액을 근거하여 작성되는 재무제표이다.

03 재무제표는 기업회계기준으로 작성한다

1. 일반적으로 인정된 회계원칙(GAAP)

1) 기업회계기준(GAAP)과 외감법

기업회계기준은 기업이 재무정보 제공을 위하여 재무제표를 작성·공시할 때 공정하고 명확하게 작성해야 할 기준이며 반드시 준수해야 할 재무회계 개념 및 작성기준과 절차를 규정한 것으로 일반적으로 인정된 회계원칙(GAAP, Generally accepted accounting principle)이다.

기업의 재무제표는 경영자가 작성하여 이해관계자들이 재무정보를 활용할 수 있도록 금융감독원에 공시해야 한다.

그런데 이 과정에서 기업 경영자는 원활한 자금조달이나 상장기업의 경우 주가상승을 목적으로 기업의 재무내용을 실질내용과 달리 매출 부풀리기, 비용 축소를 통한 가공이익 계상, 자산 과대평가, 부채 과소계상으로 자기자본 늘리기 등 재무제표를 허위로 작성할 가능성이 있다.

이를 방지하기 위하여 기업이 재무제표를 작성할 때 반드시 지켜야 할 사항을 정해놓은 것이 기업회계기준이다. 기업회계기준은 '주식회사등의 외부감사에 관한 법률'(외감법)에 의하여 외부감사대상법인의 재무제표 작성에 적용된다.

※ 공인회계사 외부감사 시 재무제표가 기업회계기준에 따라 작성되었는지 확인한다.

2) 주식회사등의 외부감사에 관한 법률(외감법/신외감법)

(1) 목적

외감법은 주식회사 등(유한회사 포함)의 외부감사인이 기업의 재무제표를 감사하여 공시하므로써 기업 이해관계자를 보호하고 기업의 건전한 발전을 목적으로 1980년 제정된 법률이며 2019년 이후는 신외감법이 적용된다.

(2) 외부감사대상법인(외감법인)

다음 중 어느 하나에 해당하는 주식회사 또는 유한회사이다.
- 주권상장법인
- 상장예정법인
- 자산총계 120억원 미만, 부채총계 70억원 미만, 매출액 100억원 미만, 종업원수 100명 미만 중 세 가지 이상 해당하지 않는 회사
- 직전사업연도 말 자산총계 또는 매출액 500억원 이상인 회사

2. 세 가지 기업회계기준

현행 우리나라에는 세 가지 기업회계기준이 있다.

1) 국제회계기준과 일반기업회계기준

2011년 사업연도부터 외감법에 의한 외감대상법인에 적용하는 기업회계기준은 다음과 같다.

외감대상법인
- 한국채택국제회계기준(K-IFRS, Korean International Financial Reporting Standard)
  유가증권시장 및 코스닥시장 주권상장법인, 상장예정법인, 저축은행 등을 제외한 비상장금융회사, 타 법령에 의한 K-IFRS 적용 의무기업, K-IFRS 적용을 임의 선택하는 기업
- 일반기업회계기준(Korean Gaap) : K-IFRS 적용기업 이외의 모든 비상장기업

2) 중소기업회계기준

중소기업회계기준은 외감법 대상법인이 아닌 법인에 적용하는 상법에 근거한 기업회계기준이다.

기업회계기준은 외감법에 근거한 것이다. 따라서 외부감사대상이 아닌 직전사업연도 자산총계 100억 미만의(2013년 기준) 중소기업은 원칙적으로 기업회계기준이 적용되지 않는 문제점이 있다.

이러한 문제점을 해결하기 위해 2013년부터 중소기업에 적용하는 상법에 근거하여 중소기업회계기준을 제정하여 시행하고 있다.

따라서 중소기업회계기준에서는 '재무상태표'라 하지 않고 '대차대조표'라고 하는데 상법에서 '대차대조표'라고 하기 때문이다.

중소기업의 경우 이해관계자가 상대적으로 적고 업무가 비교적 단순하며 인력이 부족하므로 일반기업회계기준을 기초로 하여 회계처리를 단순화하고 가급적 법인세법을 준용하고 있다.

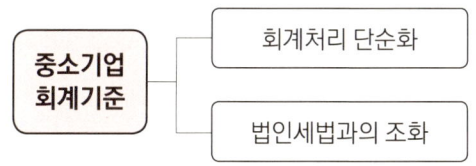

3. 우리나라 기업회계기준은 어떻게 변화되었는가

1) 최초의 기업회계원칙 : 1958년

해방 이후 우리나라 경제 여건상 금융기관이 기업재무상태를 판단할 필요성이 있어서 '미국, 일본 등의 회계기준'을 참고하여 1958년 '기업회계원칙'과 '재무제표규칙'을 제정하였다.

이후 증권거래소의 상장법인이 증가함에 따라 1974년 '상장법인등의 회계처리 규정'과 '상장법인등의 재무제표에 관한 규칙'이 제정되었다.

2) 외감법에 의한 기업회계기준 : 1980년

1980년 12월 '주식회사 외부감사에 관한 법률'(외감법)에 의하여 외부감사대상법인(외감법인)에게 적용할 통일된 회계기준인 '기업회계기준'이 제정되었다.

기업회계기준, 연결재무제표기준, 건설회계처리기준, 리스회계처리기준 등 4개의 회계기준과 효율적인 회계처리를 위한 연결재무제표준칙 등 10개의 회계처리준칙 그리고 88개의 회계기준 등에 관한 예규가 정해졌다. 이후 1999년까지 11차례 기업회계기준이 개정되었다.

3) 기업회계기준서 : 2000년

1998년 IMF 이후 독립적인 민간주도의 회계기준제정기구를 설립하고 우리나라의 회계기준을 국제회계기준과 일치시키기 위하여 기업회계기준서를 제정하게 되었다.

민간 회계기준제정기구는 한국회계연구원(현 한국회계기준원)이며 '기업회계기준서', '산업별 회계처리기준 및 준칙'과 '기업회계기준 등에 관한 해석' 그리고 실무적용지침서로 '기업회계기준 적용사례'를 발간하였다.

기업회계기준서는 제1호 '회계변경과 오류수정'에서부터 제25호 '연결재무제표'까지 제정되었다.

4) 국제회계기준 채택 : 2011년

우리나라 기업의 회계정보에 대한 국제적 신인도가 낮아 국제사회로부터 회계투명성 제고를 위한 노력을 평가받고 세계적인 회계기준 단일화 추세에 적극 대응하기 위해 '국제회계기준'을 도입하였다.

〈국제회계기준의 특징〉

① 원칙중심 회계기준 : 재무회계 개념체계에 근거하여 일반원칙을 강

조하는 접근방식으로 회계기준의 근간이 되는 원리와 판단근거를 제시하며 회계처리 내용은 개별기업의 상황과 경제적 실질에 따라 회계처리 방법을 결정한다.

② 연결재무제표를 주재무제표로 : 종속기업이 있는 기업은 연결재무제표를 주재무제표로 작성하여 공시해야 하고 별도재무제표에 의한 개별재무제표도 공시한다.

③ 공정가치회계의 확대적용 : 금융상품, 투자부동산, 유·무형자산 등에 대하여 경제적 실질이 잘 반영되는 공정가치로 측정평가한다.

④ 공시강화 : 개별기업의 경제환경, 거래내용, 경제적 상황 등 판단에 영향을 미칠 수 있는 회계처리에 관한 세부사항에 대하여 상세한 공시를 요구한다.

04 우리나라 증권시장

증권시장은 주식·채권 등 유가증권의 거래가 이루어지는 시장이며 우리나라에는 한국거래소(KRX, Korea Exchange)가 있다.

한국거래소는 1956년 증권거래소로 최초 개설되어 유가증권 발행과 유통거래를 통하여 유가증권의 합리적인 가격 결정과 기업자금조달에 이바지하였으며 2005년 증권거래소, 선물거래소, 코스닥위원회, 코스닥시장 등 4개 기관이 통합되어 한국증권선물거래소로 출범하였고 2009년 한국거래소로 명칭이 바뀌었다.

한국거래소의 증권시장은 주식시장, 채권시장, 금융상품시장, 파생상품시장으로 나누어지고, 주식시장은 유가증권, 코스닥시장, 코넥스시장의 세 가지 시장이 있다.

1. 발행시장과 유통시장

주식 등 유가증권시장을 개념적/추상적으로 나누면 최초 기업공개 역할을 하는 발행시장과 매일 매매가 이루어지는 유통시장으로 나누어진다.

1) 발행시장

새로 발행되는 유가증권이 최초 투자자에게 이전되는 시장이며 유가증권 발행주체인 공급자는 자금 수요자로 국가, 기업, 지방공공단체이고 유가증권 수요자는 자금 공급자로 개인투자자와 금융투자회사 등 금융기관이다. 대표적으로 'IPO(기업공개)'를 통하여 신규 상장하는 유가증권 발행시장이다.

2) 유통시장

이미 발행된 유가증권이 공정한 가격으로 매매 유통되는 거래시장으로 매일의 증권 매매거래가 이루어진다.

2. 주식시장 구분

1) 유가증권시장(KOSPI market)

유가증권시장은 자본시장 육성정책과 기업공개정책에 따라 종합증권시장으로 발전하였다.

유가증권시장은 종합주가지수인 코스피지수(KOSPI, Korea composite stock price index)를 산정하기 때문에 통상 코스피시장이라고도 한다.

코스피지수는 1980년 1월 4일의 시가총액을 분모로 하고 산출시점의 시가총액을 분자로 하여 계산한다.

$$KOSPI = \frac{비교시점의\ 시가총액}{기준시점의\ 시가총액} \times 100$$

2021년 1월 1일 현재 상장기업수는 800개사, 930종목이다.

2) 코스닥시장(KOSDAQ market)

코스닥시장은 IT(Information technology), BT(Bio technology), CT(Culture technology) 등 벤처기업들의 자금조달을 주목적으로 1996년 7월 개설된 시장이며 초창기에 주로 IT기업 위주에서 BT(바이오기술), 문화콘텐츠 등 고부가가치 업종으로 확대되고 있다.

2021년 1월 1일 현재 1,468개사, 1,493종목이 상장되어 있다.

3) 코넥스시장(Konex, Korea new exchange)

중소기업의 경우 자금조달은 대부분 간접금융인 은행대출에 의존하고 직접금융(주식발행 등)은 비중이 낮으므로 초기 중소기업들의 성장지원과 모험 자본 선순환 체계구축을 위하여 2013년 7월 개설된 초기중소기업 전용시 장이며 시장 진입을 쉽게 하기 위해 분기 및 반기보고서 면제, 사외이사 및 상근감사 설치 면제 등의 지배구조 부담을 완화하고 있다.

2021년 1월 1일 현재 143개사, 143종목이 상장되어 있다.

4) K-OTC(Korea over-the-counter)

K-OTC시장은 한국거래소 내의 증권시장은 아니며 한국금융투자협회에서 개설 운영하는 제도화·조직화된 장외시장으로, 비상장 중소벤처기업의 직접금융 활성화를 위해 비상장기업, 중견기업이 편입되어 있다. 고수익·고위험을 추구하는 성장성 높은 비상장기업 투자기회를 제공하기 위하여 개설된 시장이다.

3. 주식과 채권은 어떻게 다른가

주식과 채권은 재산적 가치를 표창하는 증권이므로 유가증권이라 하며 기업에서는 주권(주식)이나 채권을 발행하여 돈 주인으로부터 직접 자금을 조달하므로 직접금융이라고 한다.

기업에서는 주식을 발행하여 주주로부터 자금을 조달하면 자본금이 되어 상환의무가 없지만 채권(회사채)을 발행하여 채권자로부터 자금을 조달하면 부채가 되어 매기 이자를 지급하고 만기에 원금을 상환해야 한다.

주식을 발행한 후 이익 크기에 따라 주주에게 배당금을 지급하고 채권을 발행하여 자금을 조달하면 확정된 이자를 지급한다.

투자자 입장에서는 채권을 매입하면 매 정해진 기간(통상 3개월)에 확정된 이자를 받고 만기에 원금을 회수하기 때문에 주식에 비해 안정적이며 위험이 작다.

주식을 매입하여 주주가 되면 이익이 많으면 배당을 많이 받고 이익이 작으면 배당금을 적게 받고 손실이 나면 배당금을 받을 수 없어 채권투자보다 위험이 높은 반면 수익률은 채권보다 높다.

따라서 주식과 채권을 상대비교하면 채권은 수익률은 낮지만 안전자산 투자이고 주식은 수익은 높지만 위험자산 투자이다.

4. 채권이란 무엇인가

1) 채권의 정의

채권은 유가증권 발행자(차입자 : 채무자)가 투자자(대여자 : 채권자)에게 만기에 원금을 상환하고 만기까지의 기간 중 약정된 일자에 일정한 이자를 지급키로 약속한 증서로 재산권을 표창하는 증서이기 때문에 유가증권의 한 형태인 채무증권이다.

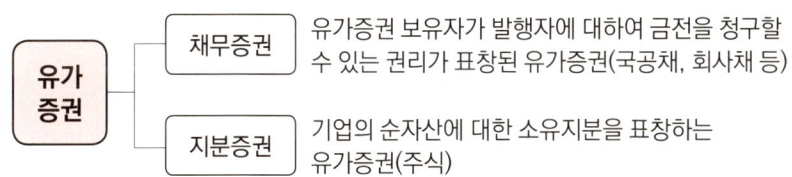

2) 채권과 관련된 용어

(1) 액면금액(Par value)

사채 표면에 기재된 사채 기준금액이며 만기에 상환해야 할 금액이다.

(2) 액면이자율(Stated rate)

표시이자율, 표면이자율이라고 하며 약정된 이자지급기일에 현금으로 지급하는 액면가액에 대한 이자율이다.

현금이자지급액 = 액면가액 × 액면이자율

(3) 시장이자율(Market rate)

일반 투자자들이 현재 시점 자본시장에서 투자로 얻을 수 있는 투자수익률이며 기회비용 개념이다.

미래 현금유출액(원금+이자비용)을 시장이자율로 할인한 금액이 채권발행가액이다.

3) 채권의 종류

(1) 변동금리채권

기준금리 변동에 따라 매 기간 초마다 액면이자율이 결정되는 채권이다. 액면이자율은 기준금리에 가산금리를 더하여 결정한다.

(2) 고정금리채권

일정한 이자율로 지급되는 채권으로 액면이자율은 '시장이자율-기준금리'로 정해진다.

(3) 전환사채

채권자의 전환권행사 청구에 의하여 일정한 가격(전환가격)으로 보통주로 전환할 수 있는 권리(전환권)가 부여된 채권이다. 전환사채는 전환권이라는 혜택(전환권 대가)을 부여하므로 일반사채보다 이자율이 낮고 발행가액은 높다는 특징이 있다.

(4) 신주인수권부사채

채권자의 신주인수권행사 청구에 의하여 일정한 가격으로 일정 수량의 보통주 신주 발행을 청구할 수 있는 권리(신주인수권)가 부여된 채권이다.

신주인수권부사채 역시 신주인수권이라는 혜택(신주인수권 대가)을 부여하므로 일반 사채보다 이자율이 낮고 발행가액이 높다는 특징이 있다.

(5) 수시상환사채

일정한 조건이 충족되면 발행자가 만기일 전에 채권을 상환할 수 있는 수시상환권(콜옵션)이 부여된 채권이다. 채권 발행 후 시장이자율이 하락하면 채권가격은 상승한다.

만약 이자율 하락폭이 크면 발행기업은 수시상환권을 행사하여 기 발행한 이자율이 높은 채권을 매입하고 현재의 낮은 이자율로 채권을 발행하여 자본조달비용을 절감할 수 있다.

(6) 상환요구사채

일정한 조건이 충족되면 채권자가 만기일 전에 채권의 상환을 발행자에게 요구할 수 있는 상환청구권(풋옵션)이 주어진 채권이다.

채권 발행 후 시장이자율의 상승폭이 크면 채권 가격은 하락하므로 채권자는 풋옵션을 행사(채권 상환청구)하여 차익을 취득할 수 있다.

상환청구권은 채권자에게 유리하므로 이자율이 낮게 발행된다.

05 유가증권 분석

투자를 위한 유가증권 종목선정과 매매 타이밍은 경제현상 분석 – 산업 분석 – 기업 분석 등으로 다음 흐름과 같이 분석할 수 있다.

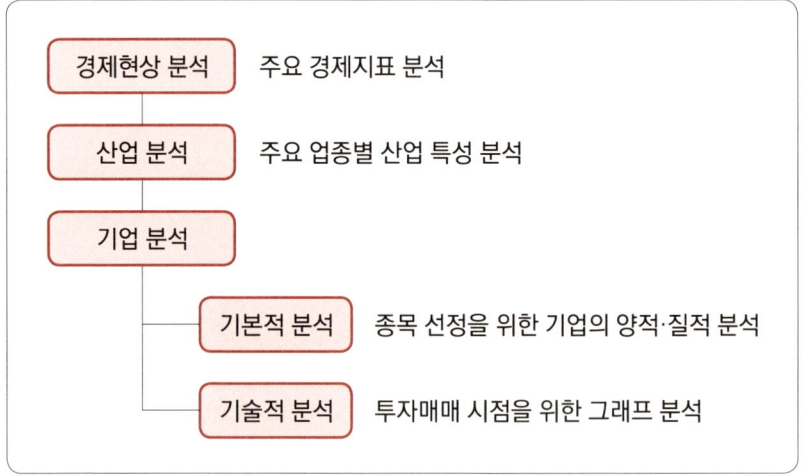

1. 경제현상 분석

가장 먼저 경기변동과 주요 경제지표 분석을 통하여 투자 시기 여부를 판단하게 되는데 내용은 다음과 같다.

1) 경기변동

(1) 호황기
① 활황기 : 기업의 생산·판매 증가로 이익이 증가하고 시설투자, 소비

지출 증가로 주가가 상승한다.

② 후퇴기 : 소비수요 감소로 기업수지가 악화되고 생산위축, 실업률 증가로 주가가 하락한다.

(2) 불황기

① 침체기 : 재고 증가, 실업률 증가, 투자 위축으로 주가는 하락한다.

② 회복기 : 금리 인하 및 경기부양책으로 기업의 생산·판매가 회복되며 주가가 상승 반전한다.

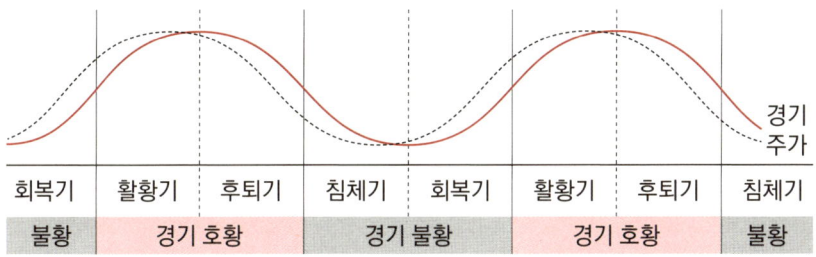

2) 경제성장률

국내총생산(GDP)이 증가하면 투자지출과 소비지출이 늘어나고 생산·판매·고용 증가, 소득 증가로 주가는 상승한다.

3) 통화량

통화량이 증가하면 기업의 자금사정이 양호해지고 실질이자율 하락으로 주가, 부동산 등 실물자산 가격은 상승한다.

4) 물가

물가 상승은 단기적으로 기업매출 및 이익증가로 주가가 상승하지만 장기적으로는 원자재 가격 및 임금 상승에 의한 원가 압박으로 작용한다. 따라서 지속적인 물가 상승은 주가에 나쁜 영향을 가져온다.

5) 금리

금리 인상은 화폐가치 상승이므로 실물자산(주식, 부동산) 가격은 하락하며 기업의 금융비용 증가로 수익성이 악화되어 주가는 하락한다.

반면 금리가 인하되면 주식, 부동산의 실물자산 가격이 상승한다.

6) 환율

환율이 상승(달러 강세, 원화 하락)하면 해외자금 유입이 쉬워 일반적으로 주가는 상승한다. 수출 비중이 높은 기업은 수출 경쟁력이 높아져 주가가 상승하지만 수입 비중이 높은 기업은 환차손으로 주가가 하락한다.

7) 국제수지

경상수지나 자본수지 흑자는 국민소득 증가로 주가는 상승한다.

2. 산업 분석

산업 분석은 한국표준산업분류를 적용하여 업종별 성장산업, 주기적 산업, 쇠퇴기 산업 등으로 나누어지며 특히 정부정책과 경쟁기업 관계, 노사 관계, 사회적 요구 등을 고려하여 어떤 산업의 어떤 업종에 투자할 것인지 판단한다.

1) 성장산업

성장산업은 경기변동과 무관하게 매출액 및 이익, 기술개발투자 등과 관련된 산업으로 바이오, 전기차, IT, 문화콘텐츠 등 현재보다 크게 성장할 미래성장산업을 분석한다.

2) 주기적 산업

주기적 산업은 경기변동과 흐름을 같이 하는 산업으로 경기가 활황일 때는 매출과 이익이 증가하고 불황일 때는 감소한다.

3) 방어적 산업

방어적 산업은 대체재가 있는 산업으로 경기 여건에 따라 대체할 산업이 있느냐를 분석한다.

3. 기업 분석

1) 기본적 분석

성장산업 등 선택된 산업 내에서 어느 기업 주식에 투자할 것인지 투자종목 선정을 위한 분석으로 내용은 다음과 같다.

(1) 양적 분석

양적 분석은 재무제표 내용을 분석하는 단계이다. 이러한 지표들을 과거 실적 및 경쟁사와 대비하여 양부良否를 판단한다.

① 재무요소별 분석

(수익성)

- 총자본순이익률(ROI, %) = $\dfrac{\text{당기순이익}}{\text{총자본(=부채·자본총계)}} \times 100(\uparrow)$

- 자기자본순이익률(ROE, %) = $\dfrac{\text{당기순이익}}{\text{자기자본(=자본총계)}} \times 100(\uparrow)$

- 매출액영업이익률(%) = $\dfrac{\text{영업이익}}{\text{매출액}} \times 100(\uparrow)$

- 매출순이익률(%) = $\dfrac{\text{당기순이익}}{\text{매출액}} \times 100\,(\uparrow)$

(활동성)

- 총자산회전율(회) = $\dfrac{\text{매출액}}{\text{총자산}} \,(\uparrow)$

- 매출채권회전율(회) = $\dfrac{\text{매출액}}{\text{매출채권}} \,(\uparrow)$

- 재고자산회전율(회) = $\dfrac{\text{매출액}}{\text{재고자산}} \,(\uparrow)$

(안정성)

- 부채비율(%) = $\dfrac{\text{타인자본(부채총계)}}{\text{자기자본(자본총계)}} \times 100\,(\downarrow)$

- 자기자본비율(%) = $\dfrac{\text{자기자본(자본총계)}}{\text{총자본(부채·자본총계)}} \times 100\,(\uparrow)$

(유동성)

- 유동비율(%) = $\dfrac{\text{유동자산}}{\text{유동부채}} \times 100\,(\uparrow)$

- 현금비율(%) = $\dfrac{\text{현금및현금성자산}}{\text{유동부채}} \times 100\,(\uparrow)$

(성장성)

- 매출액증가율(%) = $\dfrac{\text{당기매출액} - \text{전기매출액}}{\text{전기매출액}} \times 100\,(\uparrow)$

- 영업이익증가율(%) = $\dfrac{\text{당기영업이익} - \text{전기영업이익}}{\text{전기영업이익}} \times 100\,(\uparrow)$

- 당기순이익증가율(%) = $\dfrac{\text{당기순이익} - \text{전기순이익}}{\text{전기순이익}} \times 100\,(\uparrow)$

② 내재가치 분석

- 주당이익(EPS) = $\dfrac{\text{보통주귀속당기순이익}}{\text{가중평균유통보통주식수}}$ (↑)

- 주당순자산(BPS) = $\dfrac{\text{자본총계}}{\text{기말발행주식수}}$ (↑)

③ 시장배수분석

- 주가이익배수(PER) = $\dfrac{\text{주가}}{\text{주당이익(EPS)}}$ (↓)

- 주가순자산배수(PBR) = $\dfrac{\text{주가}}{\text{주당순자산(BPS)}}$ (↓)

- 주가매출배수(PSR) = $\dfrac{\text{주가}}{\text{주당매출액}}$ (↓)

- 주가현금흐름배수(PCR) = $\dfrac{\text{주가}}{\text{주당현금흐름}}$ (↓)

- 주가꿈비율(PDR) = $\dfrac{\text{시가총액}}{\text{시장점유율}}$ (↓)

(2) 질적 분석

질적 분석은 비재무적 지표 분석으로 정성적 분석 단계이다.

특히 최근에는 ESG 투자에 관한 내용의 전문평가기관 분석 자료가 주가에 크게 영향을 미친다. 따라서 비재무 분석지표로서 각 기업의 ESG 투자 및 관리에 관한 정보를 종목 선정에 잘 활용해야 한다.

① 회사개요와 회사연혁
② 사업구조 및 제품구조 분석(사업포트폴리오)
③ 경영자의 능력과 이력사항

④ 기업에 대한 이미지

⑤ 노사관계

⑥ 사회적 공헌도

⑦ R&D 투자

⑧ ESG 투자 : 최근 국민연금 등 기관투자자, 외국인 투자자는 ESG 투자가 많은 기업의 주식을 많이 매입하고 있다.
- E(Environment) : 기후변화, 청정생산, 친환경제품, 환경오염
- S(Social) : 인적자원 관리, 산업안전, 공정경쟁, 고용, 사회공헌, 상생협력
- G(Goverance) : 주주권익보호, 위험관리 및 보상, 이사회 구성, 배당

2) 기술적 분석

선정된 투자 종목의 매수, 매도 등 매매 타이밍을 분석하는 단계이며 주로 그래프에 의한 분석이다. 기술적 분석은 주가 자체, 거래동향, 신용거래잔고, 종합주가지수, 거래량 등으로 주가흐름을 예측하는 분석으로 추세분석, 모형분석, 목표치 계산 등이 있다.

① 추세분석 : 주가의 흐름분석이 주내용이며 추세파괴와 추세변경 등을 포착하는 분석이다.

② 모형분석 : 주가나 거래량의 일정한 모양으로 주가 추이를 분석하는 방법이다.

③ 목표치 계산 : 주가가 어느 수준까지 오르거나 내릴 것인지 예측하는 분석이다.

06 주식거래의 기본사항

1. 주식매매와 수도受渡결제

1) 주식매매 흐름

주식매매는 증권시장에서 개인이 직접 매매하는(사고 파는) 것이 아니라 자본시장법에서 정하는 금융투자인가업체인 금융투자회사, 증권회사를 통하여 거래가 이루어진다.

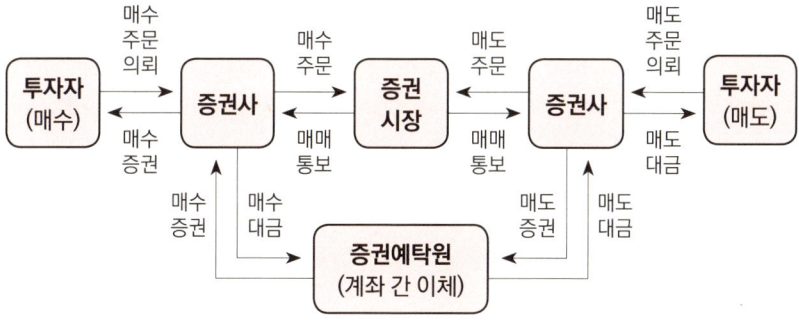

매수자와 매도자는 증권회사에 매매주문을 의뢰하고 증권시장에서 매매 체결되면 증권예탁원을 통하여 유가증권과 결제대금을 계좌 간 대체시킨다. 이 경우 매수자는 증권회사가 정하는 위탁증거금이 본인 거래계좌에 입금되어 있어야 한다.

2) 3일수도受渡결제

3일수도결제란 매수자는 매매일부터 영업거래일 기준 3일째 되는 날 매매대금 차액을 결제하고 주식도 교부받는 것이다. 매도자는 3일째 되는 날

주식을 넘겨주고 매도대금을 받는다.

예를 들어 화요일에 매도거래되었다면 3일째 되는 날인 목요일 현금출금이 가능하며 매수자는 목요일까지 차액을 결제해야 한다. 단 중간일(수 또는 목요일)이 공휴일이면 금요일이다.

금요일에 매매가 이루어졌다면 토/일요일이 휴장이므로 3일째 되는 날인 다음 주 화요일에 수도결제된다.

매수 시는 차액결제 시 매매수수료를 부담하고 매도 시는 매매수수료와 증권거래세가 차감된 금액이 입금된다. 즉 매수/매도 시 매매수수료를 각각 2번 부담하는데 이를 왕복수수료라고 표현하고 수수료는 증권회사마다 조금씩 다르다.

3) 계좌개설

유가증권 매매거래를 위해서는 증권회사에 계좌를 개설하고 매수 시에는 위탁증거금을, 매도 시에는 실물유가증권을 입고시켜야 한다. 위탁증거금은 주식매수결제금액에 대한 보증금으로 생각하면 된다.

위탁증거금은 증권사별, 매수종목별로 다소 차이는 있지만 현금거래인 경우 매수대금의 100%, 신용거래는 40%, 선물거래는 15% 내외이다.

2. 주식매매는 언제 이루어지는가

1) 유가증권시장 개장/폐장

유가증권시장은 매년 1월 2일 개장하고(발회(發會)일이라 한다. 공휴일인 경우 다음 날) 12월 30일 폐장하며(납회(納會)일이라 한다. 공휴일인 경우 전날) 12월 31일은 휴장일이다. 토/일요일과 공휴일(임시공휴일 포함)은 휴장하며 평일에는 계속 매매거래가 이루어진다(매매거래가 이루어지는 일자를 영업거래일이라 한다).

매일 09:00(오전 9시)에서 15:30(오후 3시 30분)까지 매매가 이루어지며 점심

시간은 없다.

정규거래시간 이외 거래를 시간외거래라 하고 장전 시간외거래는 08:30(오전 8시 30분)에서 08:40(오전 8시 40분)까지 전일종가로 거래되고 장후 시간외거래는 15:40(오후 3시 40분)부터 16:00(오후 4시)까지 당일종가로 거래된다.

시간외매매는 16시(오후 4시)에서 18시(오후 6시)까지 30분 간격으로 거래되며 가격은 당일종가의 ±10%이다.

참고) 주요국 주식거래 시간(한국시간 기준)
- 한국 09:00~15:30
- 일본 09:00~11:30/12:30~15:00
- 중국 10:30~12:30/14:00~16:30
- 홍콩 10:30~13:00/14:00~17:00
- 미국 23:30~다음 날 06:30

2) 매매거래 원칙

주식매매시장은 완전경쟁시장으로 세 가지 거래원칙이 있다.

첫째, 가격우선원칙으로 매수는 높은 가격순으로 매도는 낮은 가격순으로 거래된다. 매수주문 가격보다 높게 거래된다든가 매도가격보다 낮게 거래될 수 없다.

둘째, 시간우선원칙으로 동일한 가격일 경우 시간이 빠른 주문부터 거래된다.

셋째, 수량우선원칙으로 동일한 시간에 주문이 발생할 경우 수량이 많은 주문이 우선 거래된다.

따라서 매매가격도 충족하고 시간이 맞아도 거래가 되지 않는 경우는 본인의 주문량보다 큰 매매주문 수량이 있기 때문이다.

3) 동시호가 : 매매거래원칙의 예외

동시호가는 10분간이며 동시호가시간에는 동일한 시간의 매매주문이라고 전제하여 매매가 이루어진다.

① 전장 동시호가(당일 시초가)는 08:50(오전 8시 50분)에서 09:00(오전 9시)까지 10분간 주문은 동일한 시간의 주문이라고 전제하여 가격우선 - 거래량우선의 순으로 결정된다.

② 후장 동시호가(당일 종가)는 15:20(오후 3시 20분)부터 15:30(오후 3시 30분)까지의 10분간 주문 역시 동시호가로 하여 가격 - 거래량 순으로 그 날의 종가를 결정한다.

3. 거래호가 단위와 가격제한폭

1) 거래호가 단위

거래호가 단위는 금액구간별 나누어진다.

① 1,000원 미만 : 1원

② 1,000원 이상 5,000원 미만 : 5원

③ 5,000원 이상 10,000원 미만 : 10원

④ 10,000원 이상 50,000원 미만 : 50원

⑤ 50,000원 이상 100,000원 미만 : 100원

⑥ 100,000원 이상 500,000원 미만 : 500원

⑦ 500,000원 이상 : 1,000원

예를 들어 1,004원, 11,120원, 60,450원, 100,100원 등은 거래가격이 될 수 없다.

2) 가격제한폭

가격제한폭은 특별한 상황에 의하여 시장 전체 또는 개별기업의 주가에

크게 영향을 미칠 수 있는 경우(대형 호재 또는 대형 악재) 가격변동폭이 무한대로 될 수 있기 때문에 매매 안정성을 위해 등락폭을 제한하는 것이다.

가격제한폭은 전일 종가 기준으로 30% 상승, 30% 하락을 초과하지 못하게 제한하며 상승제한폭까지 오르면 상한가, 하락제한폭까지 내리면 하한가라고 한다.

전일 종가 기준으로 +30%, -30% 계산 시 위의 호가 단위를 벗어나는 가격은 절사切捨(떨어버림)한다.

예를 들어 전일 종가가 11,800원일 경우 상한가는 계산상 15,340원(11,800원×130%)이지만 10,000원 이상의 가격은 50원 단위이므로 40원은 떨어내고 15,300원이 상한가이며 30% 하락하면 8,260원(11,800원×70%)이다. 10,000원 미만은 10원 단위로 등락되기 때문에 8,260원이 하한가이다.

3) 매매가격의 종류

매매가격은 시점 및 특성에 따라 다음과 같이 불린다.

시가始價는 당일 시초가의 줄임말이며 매일의 오전 9시 가격인 전장 동시호가 가격이며 전일종가의 가격제한폭 이내에서 결정된다.

종가終價는 당일 마지막 가격으로 오후 3시 30분 후장 동시호가에서 결정된다.

고가高價는 당일 가장 높은 가격, 저가低價는 당일 가장 낮은 가격이다.

52주 신新고가, 52주 신新저가라는 표현도 있는데 직전 1년 동안 가격 중 가장 높은 가격, 가장 낮은 가격의 의미이다.

4. 종합주가지수는 어떻게 산정되는가

1980년 1월 4일을 기준으로 기준시점의 시가총액을 분모로 하고 비교시점의 시가총액을 분자로 하여 종합주가지수(KOSPI)를 산정한다.

• KOSPI 지수 = $\dfrac{\text{비교 시점 시가총액}}{\text{기준 시점 시가총액}}$

예를 들면 2020년 12월 30일 KOSPI 지수는 2873.47이었다.

KOSPI 지수는 삼성전자 같은 시가총액이 큰 대형주가 크게 오르면 많이 오르고 크게 떨어지면 종합주가지수가 큰 폭으로 하락하기 때문에 종합주가지수는 올랐지만 특정 개인이 보유하는 개별종목은 별로 오르지 않을 수 있다.

종합주가지수는 거래량이 적은 종목들까지 모두 포함하기 때문에 시장 대표성이 떨어지는 문제점이 있어 시장 대표성, 업종 대표성, 거래량 기준으로 시가총액이 큰 200개 종목을 선정하여 1990년 1월 3일의 시가총액을 100으로 하여 비교시점의 시가총액을 지수화한 것이 KOSPI 200이다. 200개 종목 선정은 매년 6월 정기적으로 선정하여 변경된다.

5. 주식매매는 어떤 유형이 있는가

주식매매 유형은 현금거래, 신용거래가 있는데 거래 내용에 따라 레버리지효과로 실질수익률이 달라진다. (p.247-248 참조)

1) 현금거래

현금거래는 주식매수 시 매수대금 100%를 위탁증거금으로 납입하고 매수하는 거래이다.

2) 신용거래

신용거래는 증권회사와 약정하여 주식매수 시 매수대금의 일정률(통상 약 40%)의 금액을 위탁증거금으로 납입하고 잔여금액은 증권회사로부터 빌려서 주식매수하는 거래이며 증권시장 침체기에 시장부양 효과가 있다.

위탁증거금비율은 증권사별, 종목별로 차이가 발생할 수 있다.

3) 미수거래(외상거래)

미수거래란 매수 시 일단 위탁증거금 비율을 충족하면 이루어지는 거래이다. 그러나 증권사와 약정한 정상적인 외상거래가 아니므로 3일째 되는 날까지 잔여금액을 입금하지 않을 경우 그다음 날(4일째 되는 날) 오전 동시호가(시초가)에 반대매매 주문이 나가는 거래이다.

4) 반대매매거래

미수발생, 신용거래 만기가 되거나 또는 증권회사로부터 주식담보대출을 받았을 경우 보유자산가치가 일정한 담보비율 이하로 될 경우 본인의 주문 의사와 관계없이 강제적으로 동시호가에 하한가로 매도하는 매매거래이다.

5) 공매도거래(대주/貸株)

특정종목 주가가 많이 올랐을 때 증권사로부터 특정종목 주식을 빌려 높은 가격에 매도하고 주가가 하락할 때 매수하여 빌린 주식을 갚는 거래이다. 증권시장이 과열되어 있을 때 공급을 늘려 시장가격을 안정시키는 효과가 있다.

6. 투자자와 스튜어드십 코드(수탁자 책임원칙)

증권시장 참여자(증권매매자)를 투자자라고 하며 크게 세 부류로 나눈다.

개인투자자는 개미군단이라 불리는 소위 동학개미이고 투자금액은 상대적으로 작으나 투자자 수가 많고 거래빈도가 높기 때문에 증권시장에서 어느 정도 영향력을 행사할 수 있다.

기관투자자는 투자자들의 자산을 위탁받아 관리운영하는 수탁자로 은행, 증권/보험, 자산운용사, 연기금 등이다.

외국인 투자자는 외국자금의 개인과 기관으로 전문투자자 집단이다.

스튜어트십 코드란 '기관투자자의 수탁책임에 관한 원칙'으로 기관투자자는 고객 자산을 관리위탁운영하는 수탁자이기 때문에 자기 재산이라고 생각하고 관리해야 한다는 것이다. 즉 투자한 주주들의 배당수익 확대와 투자기업들의 지배구조 개선을 위해 기업의 주주총회에서 적극적인 의사결정을 행사한다는 원칙이다.

　또한 특정기업에 경영상 중요한 문제가 있으면 사전에 경영진과 소통하여 문제 소지 요건을 해결한다는 원칙이며 우리나라는 2016년 '기관투자자의 수탁자 책임에 관한 원칙'을 공표하였고 2018년 7월 국민연금이 처음 도입하였다.

07 주식 분류와 기업가치(주가)

1. 보통주와 우선주는 어떻게 다른가

기업 주주에게는 주주총회에서 의사결정에 참여할 수 있는 의결권과 이익에 대한 배당받을 권리인 배당권이 있다.

보통주는 여러 종류의 주식을 발행할 때 기준이 되는 주식이며 우선주는 보통주 대비 배당률[(배당금/액면가액)×100]은 1%P 높은 반면 의결권이 없는 주식이다.

우선주 발행은 기업과 투자자 모두 유리한 자금조달 방법이라고 판단할 수 있다. 먼저 기업 입장에서는 보통주 발행에 따른 경영권 위험(대주주 지분율이 낮아지는 위험) 없이 우선주를 발행하여 자기자본 자금을 조달할 수 있다.

투자자 입장에서는 특별한 사유가 없는 한 기업경영에 참여할 필요 없이 배당금을 많이 받으므로 경제적 이득이 있다. 다만 우선주는 보통주 대비 경영권 프리미엄이 없기 때문에 주가가 보통주보다 낮게 형성된다.

기업 결산 시 값싼 우선주를 매수하여 배당금을 많이 수취하면 배당수익률이 보통주보다 높으므로 결산시점이 가까울 때 우선주 거래가 많이 이루어지는 경향이 있다. 보통주와 우선주를 표시할 때 보통주는 아무 표시가 없고 우선주는 (우)라고 표시한다.

예) LG전자 : 보통주
　　LG전자(우) : 우선주

2. 자기주식(자사주)과 유통주식

자기주식을 **자사주**(자기회사 주식의 줄임말)라고 하며 기업이 자기회사 주식을 보유하는 것인데 경제적 권리 행사로 취득(예 : 상대방에게 받을 돈을 상대방이 가지고 있는 우리회사 주식으로 변제 취득)하거나 임직원의 성과보상 목적, 유통주식수를 줄여 주가를 부양할 목적 등으로 증권시장에서 매입 취득한다.

발행주식수에서 자기주식수를 제외하면 유통주식수가 되며 유통주식수가 줄어든다는 것은 자기회사 주식의 공급량이 줄어들므로 주가가 상승할 여지가 많고 이익으로 자기주식을 소각하면 전체 주식수가 줄어들어 기업가치(주가)가 상승한다. 그리고 주당이익(EPS)을 계산할 때는 주식수에서 자기주식을 차감하는데 자기주식의 취득자금은 외부지출되어 경영활동에 사용되지 않았기 때문이다.

반면 주당순자산(BPS)을 계산할 때는 자본총계와 주식수에 포함한다.

3. 경기민감주/경기방어주, 성장주/가치주(자산주)

경기호황/침체에 따라 주가변동이 큰 업종의 주식, 즉 경기변동에 탄력적인 산업재, 전기전자, 자동차 업종 등은 경기민감주라 하고 경기변동에 비교적 비탄력적인 기초필수적 요소 산업, 즉 기초생식품, 통신업 등은 경기방어주이다.

따라서 증권사장이 활황일 때는 경기민감주를 거래하고 침체기에는 경기방어주 매매거래가 유리하다.

성장주는 정보기술, 바이오, 전기차 등 미래 성장이 기대되는 업종의 주식이며 가치주(자산주)는 매출성장보다 토지 등 유형자산을 많이 보유하고 있는 주로 순자산이 많은 제조업 주식이다.

성장주는 미래기대이익이 주가에 반영되므로 PER(주가이익배수), PBR(주가순자산배수)이 높지만 자산주는 PER은 물론 특히 PBR이 비교적 낮다. 따라서 증권시장이 호황일 때는 성장주, 침체기에는 자산주 투자가 유리하다.

그리고 증권시장이 어떤 장세이냐에 따라 어떤 부류의 주식이 유리할지 판단해야 한다. 특히 유동성 장세에서는 거의 전 종목이 움직이지만 **실적장**

세나 **종목장세**인 경우 합리적 선택이 필요하다.

증권시장의 가격흐름을 표현할 때 'OO장세'라고 표현한다. 매출액이나 영업이익이 펀드멘탈(Fundamental)에 의한 기업 실적 중심으로 시장상황이 결정될 경우 전반적으로 기업들의 경영실적이 좋아 주가가 강한 상승세가 될 경우 **실적장세**라 한다. 2020년 코로나19의 영향으로 기업경영실적은 좋지 않으나 시중에 떠돌아다니는 자금(부동자금)이 많아 돈의 힘으로 주가가 강한 상승세가 되는 경우를 **유동성장세**라고 한다.

증권시장 전체적으로는 강한 상승세가 아니나 경영실적이 비교적 양호한 기업들의 주가가 강한 상승이 나타나는 경우 **개별종목장세** 또는 **종목장세**라고 한다.

4. 내재가치는 어떤 지표로 평가하는가

내재가치는 재무제표상 가치를 나타내는 수익가치와 자산가치 두 가지가 있는데 보통주를 기준으로 내재가치를 평가한다.

① 수익가치는 주당이익(EPS : Earning per share)으로 평가하며 보통주귀속당 기순이익을 가중평균유통보통주식수로 나누어 계산한다.

- 주당이익(EPS) = $\dfrac{\text{보통주귀속당기순이익}}{\text{가중평균유통보통주식수}}$ (↑)

당기순이익은 기업 전체이익으로 전체 주주에게 귀속되고 주주 1주당 이익의 크기를 나타내는 것이 주당순이익이며 높을수록 수익성가치가 높다고 판단하며 계산 시 자기주식은 제외한다.

② 자산가치는 주당순자산(BPS : Bak-value per share)으로 판단하며 주주자본인 자본총계를 기말발행주식수로 나눈 값이다.

- 주당순자산(BPS) = $\dfrac{\text{자 본 총 계}}{\text{기말발행주식수}}$ (↑)

자본총계 역시 주주전체 지분에 귀속되고 주당순자산은 1주당 기준으로 순자산가치가 얼마나 되느냐의 지표이며, 주당순자산이 높을수록 주주순자산가치가 높다고 판단하며 자기주식을 포함한다.

주당이익(EPS)은 기업회계기준에 따라 손익계산서에 공시해야 하는 요소이므로 손익계산서와 주석으로 값을 알 수 있다.

반면 주당순자산(BPS)은 기업회계기준에 의한 공시내용이 아니므로 재무제표에 나타나지 않고 별도로 계산해야 하는데 비상장기업을 합병할 때 자본시장법에서 주당순자산 계산방법을 일반적으로 적용한다. (p.202 참조)

5. 시장배수평가지표들

시장배수(Market multiple)평가란 기업의 내재가치(EPS, BPS 등)와 기업의 시장가치인 주가를 상대비교하는 방법이다.

1) 주가이익배수(PER : Price earning ratio)

주가를 주당이익(EPS)으로 나눈 값으로 PER(배) = $\frac{주가}{EPS}$ 로 계산한다.

분모/분자에 발행주식수를 곱하면 (PER = $\frac{시가총액}{당기순이익}$)이 된다.

재무관리 이론적 관점에서 갖는 의미는 기업의 주당이익이 얼마(주가)의 가격으로 거래되고 있느냐, 즉 주당이익 가격이 얼마냐이므로 PER이 높을수록 그 기업의 주당이익 가치가 높다고 판단한다. 다만 현재 투자자 입장에서 PER이 높다는 것은 분모 주당이익(EPS) 대비 가격이 너무 높다는 것이고 PER이 낮으면 주가가 낮다고 판단하게 된다.

따라서 PER이 높은 고高PER 주는 매도종목으로, PER이 낮은 저低PER 주는 매수종목으로 판단한다.

2) 주가순자산배수(PBR, Price book-value ratio)

주가를 주당순자산(BPS)으로 나눈 값으로 PBR(배) = $\frac{주가}{BPS}$ 로 계산한다.

PBR도 분모/분자에 발행주식수를 곱하면 (PER = $\frac{시가총액}{자본총계}$)이 된다.

주가는 미래기대이익을 현재가치로 환산하여 현재 순자산가치에 가산한 값의 개념이므로 미래기대이익이 크면 PBR이 높아진다.

PBR 역시 투자자 입장에서는 미래기대이익의 추정이 어렵지만 PBR이 높다는 것은 주가가 과다하게 평가되고 있다고 판단한다. 따라서 고高PBR 주는 매도종목으로, 저低PBR 주는 매수종목으로 판단한다.

특히 PBR이 1.0배 이하이면 시가총액(분자)이 순자산가치(분모)보다 낮으므로 지금 이 회사의 주식을 증권시장에서 시가총액으로 전부 사들여 청산하더라도 돈을 벌 수 있다는 의미이다(청산금액 – 사들인 시가총액 = 청산차익).

재무제표분석으로
알짜 종목 투자하기

제 2 장

기업 재무제표와 주요 계정과목

01 재무상태표(F/P, Financial position, B/S, Balance sheet)

재무상태표는 일정시점(결산일) 현재 기업의 자산 보유 현황과 부채·자본의 조달 상태 정보를 제공하는 재무제표이다.

〈재무상태표〉

자 산		부 채·자 본	
자 산	1,000,000	부 채	600,000
		자 본	400,000
(자본운용)		(자본조달)	

1. 자산·부채·자본의 재무적 특성

1) 자산

자산은 매출을 창출하기 위해 보유한 모든 재산적 가치(재화 및 권리)이다.

예를 들면, 제품 생산·판매를 위한 시설 자산인 토지·건물·기계장치와 판매할 대상 자산인 상품·제품·원재료 등의 재고자산, 각종 지급에 대비한 현금이나 예금 등 당좌자산이 해당된다.

(1) 자산증감의 재무적 특성

- 자산취득 → 현금유출(현금감소/결과)
- 자산매각 → 현금유입(현금증가/결과)

※ 현금유입은 현금이 들어온다는 뜻이고, 현금유출은 현금이 나간다는 뜻이다.

자산을 취득하면 현금이 감소하고 매각하면 현금이 증가한다. 예를 들어 판매목적으로 상품을 10,000원어치 매입하면 상품자산은 10,000원 증가하지만 현금은 10,000원 감소하며 기계장치를 50,000원에 취득하면 기계장치 자산은 증가하지만 현금은 50,000원 감소한다.

사용 보유하던 차량운반구를 5,000원에 매각하면 차량운반구 자산은 감소하지만 현금은 5,000원 유입되어 증가한다.

(2) 자산이 증가(취득)하는 경우

현금유출 결과를 초래하는 원인이다.

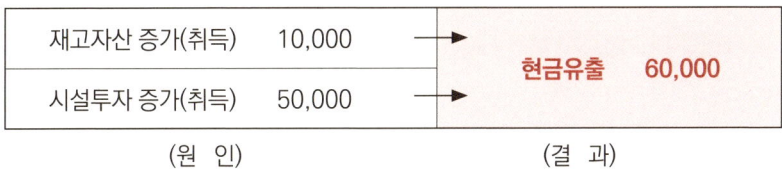

(3) 자산이 감소(판매/매각)하는 경우

현금유입 결과를 초래하는 원인이다.

2) 부채

부채는 자산취득이나 비용발생으로 소요되는 자금을 타인(주주 이외)으로부터 조달한 타인조달자본이며 미래의 일정시점에 상환 의무가 있다.

예들 들면, 금융기관에서 빌린 차입금, 상품·원재료 등을 외상으로 매입한 외상매입금·미지급금 등 향후 갚아야 할 모든 금액이 부채이다.

(1) 부채증감의 재무적 특성

- **부채증가** → **현금유입**(현금증가)
- **부채감소** → **현금유출**(현금감소)

부채가 증가하면 현금이 유입되어 증가하고 부채가 감소하면 현금이 지출되어 감소한다. 예를 들면, 은행에서 10,000원 차입하면 차입금이란 부채는 증가하지만 현금도 증가한다. 그리고 상품을 20,000원어치 외상으로 매입하였다면 외상매입금이라는 부채는 증가하지만 현금을 지출하지 않으므로 현금이 유입된 결과와 같아진다.

차입금 30,000원을 현금으로 상환하면 현금이 지출되면서 차입금 부채가 줄어든다. 외상매입금 50,000원을 갚으면 부채는 줄어들고 현금도 감소한다.

(2) 부채가 증가하는 경우

현금유입을 초래하는 원인이다.

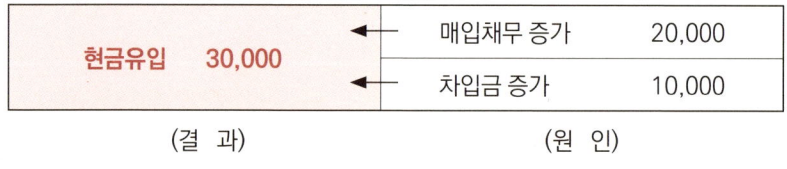

※ 매입채무 증가의 경우 재화 취득으로 지급해야 할 금액을 지급유보하였기 때문에 현금유입 결과가 됨. 남에게 주어야 할 돈을 안 주면 현금이 안 나갔기 때문에 내 호주머니에 현금이 증가하는 것과 같은 이치이다.

(3) 부채가 감소하는 경우

현금유출을 초래하는 원인이다.

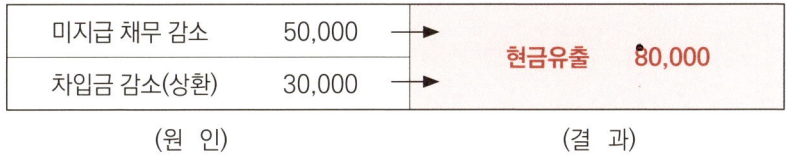

3) 자본

자본은 자산취득 등에 소요되는 자금을 자기(주주)로부터 조달한 자기조달자본이며 상환의무가 없다.

예를 들면, 주주가 납입한 자본금과 벌어들인 당기순이익 중에서 주주에게 배당하지 않고 기업 내부에 쌓여 있는 이익잉여금, 자본잉여금 등이 자본으로 분류된다.

(1) 자본증감의 재무적 특성

- 자본증가 → 현금유입(현금증가)
- 자본감소 → 현금유출(현금감소)

자본이 증가하면 현금이 증가하고 자본이 감소하면 현금이 지출되어 감소한다. 예를 들면, 100,000원을 유상증자하면 자본금이 100,000원 증가하면서 현금 100,000원이 늘어난다.

이익잉여금으로 20,000원을 현금배당하면 이익잉여금 20,000원이 감소하면서 현금이 감소한다. 다만 잉여금을 자본으로 전입하는 무상증자나 주식배당의 경우 자본 전체 금액의 증감이 없으므로 현금수지 증감과 관계없다.

(2) 자본이 증가하는 경우

현금유입을 초래하는 원인이다.

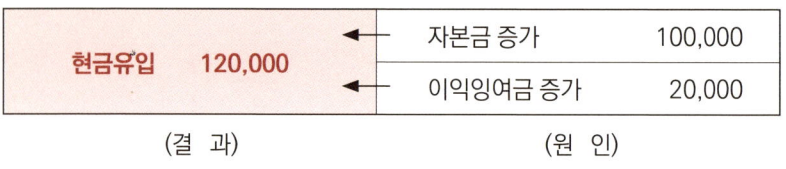

(3) 자본이 감소하는 경우
현금유출을 초래하는 원인이다.

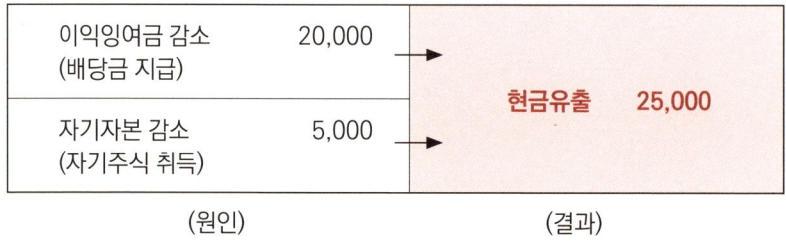

4) 자산·부채·자본 증감으로 현금흐름을 알 수 있다.
이상에서 본 바와 같이 부채증가·자본증가·자산감소는 현금이 증가되고 자산증가·부채감소·자본감소는 현금이 감소한다.

(1) 현금이 유입되는 경우

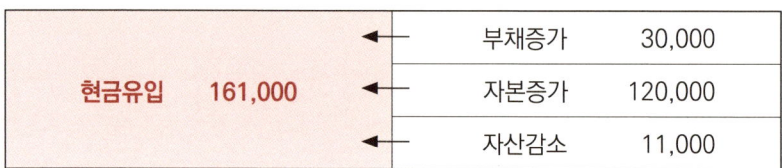

(2) 현금이 유출되는 경우

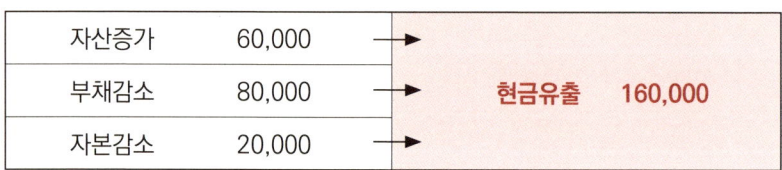

따라서 자산의 과다보유, 부채의 조기상환, 주주자본의 과소한 조달과 이익창출이 부진하면 현금흐름이 나빠진다. 반대로 자산을 줄이고 부채를 늘리며 이익을 많이 내면 현금흐름은 좋아진다.

2. 재무상태표 분류

〈재무상태표(보고식)〉

(단위 : 원)

계 정	금 액
(자　　　산)	
Ⅰ. 유 동 자 산	600
1. 당 좌 자 산	350
2. 재 고 자 산	250
Ⅱ. 비 유 동 자 산	400
1. 투 자 자 산	70
2. 유 형 자 산	240
3. 무 형 자 산	60
4. 기타비유동자산	30
계	1,000
(부　　　채)	
Ⅰ. 유 동 부 채	400
Ⅱ. 비 유 동 부 채	200
부 채 총 계	600
(자　　　본)	
Ⅰ. 자 본 금	200
Ⅱ. 자 본 잉 여 금	50
Ⅲ. 자 본 조 정	20
Ⅳ. 기타포괄손익누계액	40
Ⅴ. 이 익 잉 여 금	90
자 본 총 계	400
부 채 · 자 본 총 계	1,000

자산총계와 부채·자본총계는 항상 같다.

1) 자산 분류

자산은 취득 시 지출된 금액이 단기간(1년) 내에 현금화 회수되느냐 아니면 1년을 초과하여 회수되느냐에 따라 유동자산과 비유동자산으로 분류한다. 자산은 취득할 때 돈이 나가고 나중에 매출액 등으로 나갔던 돈이 회수되는 특징이 있다. 유동자산 비중이 높을수록 단기지급능력, 즉 유동성이 높다고 판단한다.

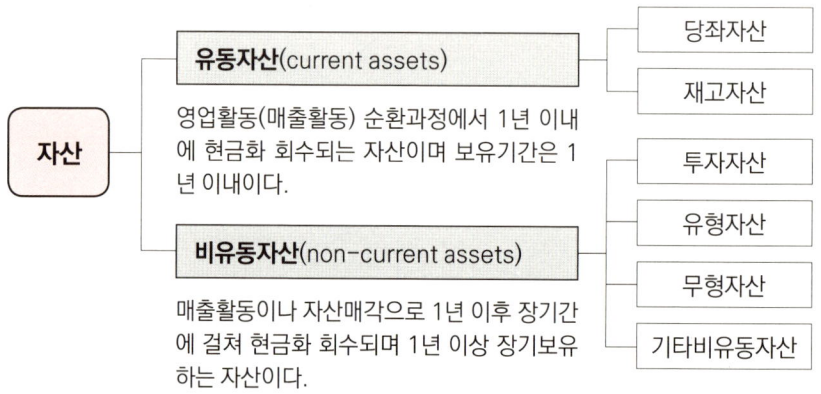

(1) 유동자산 분류

유동자산 중에서 현금화가 빠른 순서대로 당좌자산과 재고자산으로 분류되며 당좌자산이 재고자산보다 현금화가 빠르다는 특징이 있다. 유동자산 규모가 같더라도 당좌자산 비중이 클수록 유동성이 높다고 판단한다.

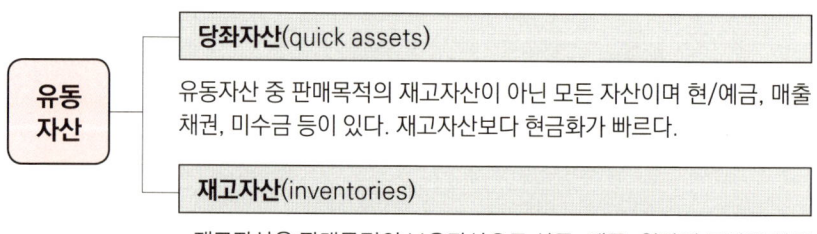

(2) 비유동자산 분류

보유목적에 따라 투자자산, 유형자산, 무형자산, 기타비유동자산으로 분류된다.

비유동자산

투자자산(investments)

투자자산은 임대수익이나 시세차익 목적의 보유자산이며 금융업을 제외한 업종에서는 일반적으로 주된 사업과 관련 없는 비영업적 자산인 경우가 많다.

유형자산(tangible assets)

- 생산·판매 등 주된 영업활동 사용 목적의 실물형체가 있는 장기보유자산이다. 토지, 건물, 기계장치, 차량운반구 등이 유형자산으로 분류된다.
- 사용기간, 즉 내용연수기간에 걸쳐 매출활동에 기여하므로 내용연수기간 내에 **감가상각비**로써 지출금액을 비용으로 계산한다.

무형자산(intangible assets)

- 생산·판매 등 주된 영업활동 사용 목적의 실물형체가 없는 장기보유자산으로 특허권, 상표권, 영업권, 개발비 등이다.
- 내용연수기간에 무형자산상각비로써 지출금액을 비용으로 계산하는 것은 유형자산과 같다.

기타비유동자산(other non-current assets)

투자·유형·무형자산에 속하지 않는 비유동자산이다.

2) 부채 분류

1차적으로 유동성을 판단하기 위하여 1년 이내 상환하는 부채냐, 1년 이후 상환하느냐에 따라 유동부채와 비유동부채로 분류된다. 부채는 발생할 때 돈이 들어오고 갚을 때 돈이 나가는 특징이 있다.

자산은 미래에 현금회수되지만 부채는 현금으로 상환해야 하므로 자산과 달리 **1년 이내 상환하는 유동부채가 많을수록 유동성이 나쁘다**고 판단한다.

부채
- **유동부채**(current liabilities)
  유동부채는 1년 이내 상환하는 부채이다.
- **비유동부채**(long-term liabilities)
  비유동부채는 1년 이후 상환하는 부채이다.

3) 자본 분류

자본은 주주에게 귀속되는 순자산으로 조달된 원천에 따라 자본금, 자본잉여금, 자본조정, 기타포괄손익누계액, 이익잉여금으로 분류한다.

자본

- **자본금**(capital stock)
  - 자본금은 주주가 납입한 액면가 기준의 자본금이다.
  - 주주가 납입한 금액 중 액면가액을 초과하는 금액(주식발행 초과금)은 '자본잉여금'으로, 액면가액에 미달하는 금액(주식할인 발행차금)은 '자본조정'으로 분류된다.
    〈자본금 = 액면가액×발행주식수〉

- **자본잉여금**(capital surplus)
  - 자본잉여금은 주주와의 증자 및 감자거래인 자본거래에서 발생한 잉여금이다.
  - 자본잉여금은 자본조달 및 자본환급과 관련한 잉여금이기 때문에 배당재원으로 쓸 수 없다.

- **자본조정**(capital adjustment)
  - 주주자본의 일시적 평가조정항목이다.
  - 자본의 조정항목이므로 (+) 조정항목이 있으며 (△) 조정항목도 있다.

- **기타포괄손익누계액**(accumulated other comprehensive income)
  - 기타포괄손익은 자본거래 및 영업활동거래를 제외한 거래에서 발생한 순자산 변동액이며 당기분은 '포괄손익계산서'에, 누적손익금액은 '재무상태표'에 나타낸다.

- 기타포괄손익누계액은 주로 보유자산가치 증가 또는 감소에 의하여 발생하는 손익이며 기타포괄이익은 (+) 자본, 기타포괄손실은 (-) 자본으로 표시된다.

이익잉여금(retained earnings)

- 이익잉여금은 손익거래인 영업활동에서 창출된 당기순이익 중 사내에 유보된 금액이다.
- 이익잉여금은 법정적립금과 임의적립금으로 구분된다.
    - 법정적립금 : 법의 규정에 의한 강제성 적립금
    - 임의적립금 : 정관이나 주주총회의 결의에 의하여 경영정책상 유보되는 임의성 적립금
- 법정적립금 계정과목은 '이익준비금'으로 상법 규정에 의하여 '당해 연도 현금배당금의 1/10 이상을 자본금의 1/2에 달할 때까지 적립'해야 하는 적립금이다.

따라서 자본은 주주가 납입한 자본금과 그 외 주주에게 귀속되는 잉여금 등으로 구성된다.

〈법정적립금과 임의적립금 차이〉

구 분	차 이
법정적립금	향후 배당 재원 사용 불가
임의적립금	향후 배당 재원 사용 가능

3. 재무상태표는 어떻게 볼 것인가

1) 어떤 자산이 얼마나 증감되었는가

재무상태표를 볼 때 먼저 전기대비 어떤 자산이 얼마나 증가되었는지 파악한다. 자산이 증가한 만큼 현금지출이 되어 현금부족현상이 발생할 수 있기 때문이다.

예를 들어, 전기 말 자산이 10,000원인데 당기 중 자산이 5,000원이 증

가했다면 자산증가 금액만큼 현금감소이
다.

전기금액	자 산 10,000	부 채 6,000
		자 본 4,000
당기증가	+5,000	?

유·무형자산이 증가되었다면 시설자산이나 무형자산은 증가되었지만 대가로 현금이 지출되며 원재료나 제품 등 재고자산이 증가되었다면 원재료 취득지출이나 제품생산관련 재료비, 인건비 기타제경비 지출이 발생하여 현금감소가 된다.

매출채권이 증가되었다면 매출채권이 발생하기까지 생산관련 재료비, 인건비, 제조경비지출과 판매관련 영업비나 물류비가 지출되었으나 아직 현금이 회수되지 않은 상태이다.

이 중 매출채권증가 금액을 가장 나쁜 자산증가로 판단해야 한다. 왜냐하면 유형자산이나 재고자산의 실물자산 가격이 상승할 수도 있으나 매출채권은 화폐성 자산으로 가격상승은 없고 대손가능성만 높기 때문이다. 결론적으로 자산의 과다한 증가로 현금흐름 부족 가능성이 높다.

2) 부채·자본은 각각 얼마나 증감되었는가

자산증가금액만큼 반대쪽 오른쪽 대변에 부채와 자본의 어느 요소로 얼마나 증가되었는지 판단해야 한다. 그 결과에 따라 재무구조가 어떻게 되느냐를 알 수 있기 때문이다.

즉 자산증가금액만큼 현금지출을 수반하므로 부채와 자본으로 현금지출된 자금이 현재의 부채·자본비율만큼 증가된다면 부채비율 등 재무구조 비율은 같은 수준이지만 만약 부채조달 비중이 높다면 부채비율이 상승하고 특히 부채 중 차입금조달이 높다면 부채비율과 차입금비율이 높아질 뿐만 아니라 이자비용부담 등으로 수익성에도 나쁜 영향을 주게 된다.

위의 예에서 부채로 조달한 금액이 3,000원(5,000원 × 60% = 3,000원) 이상이면 부채비율이 나빠지게 된다.

그러면 자산증가금액만큼 어떤 자금으로 조달되는 것이 좋은가?

차입금 증가는 이자비용 부담이 증가되어 이익이 낮아질 것이고 주주자본금으로 조달되었다면 향후 배당금지급 부담이 증가되므로 역시 좋지 않다. 따라서 이익잉여금증가, 즉 당기순이익이 증가되는 것이 가장 좋은 구조로 판단한다.

3) 재무상태표 판단 시 핵심적 지표들

다음 지표들이 전년 대비 개선되고 있는지, 경쟁사 대비 좋은지 나쁜지 판단한다.

① 부채비율(%) = $\dfrac{부채총계}{자본총계} \times 100 (\downarrow)$

② 차입금비율(%) = $\dfrac{총차입금}{자본총계} \times 100 (\downarrow)$

③ 자기자본비율(%) = $\dfrac{자본총계}{부채\cdot자본총계} \times 100 (\uparrow)$

④ 이익잉여금비율(%) = $\dfrac{이익잉여금}{자본총계} \times 100 (\uparrow)$

⑤ 유동비율(%) = $\dfrac{유동자산}{유동부채} \times 100 (\uparrow)$

⑥ 현금비율(%) = $\dfrac{현금및현금성자산}{유동부채} \times 100 (\uparrow)$

⑦ 주당순자산 증가율(%) = $\dfrac{자본총계}{발행주식수} (\uparrow)$

02 포괄손익계산서(I/S, Income statement)

손익계산서는 일정기간 번 수익에서 쓴 비용을 차감하여 당기순손익 재무정보를 제공한다.

〈손익계산서〉
(단위 : 만원)

비 용		수 익	
비 용	1,190	수 익	1,220
이 익	30		

손익계산서는 기간 중 총수익금액(1,220만원)과 총비용금액(1,190만원) 그리고 당기순손익(30만원)의 재무정보를 알 수 있다.

1. 수익과 비용

수익은 경영활동을 통하여 재화나 용역을 제공하고 받는 대가이며 비용은 수익을 얻기 위해 지출한 금액이다.

1) 수익과 비용의 재무적 특징

(1) 수익이 발생하는 경우

수익발생은 현금유입 결과를 초래하며 당기순이익 증가로 순자산(자산-부채=자본)이 증가한다.

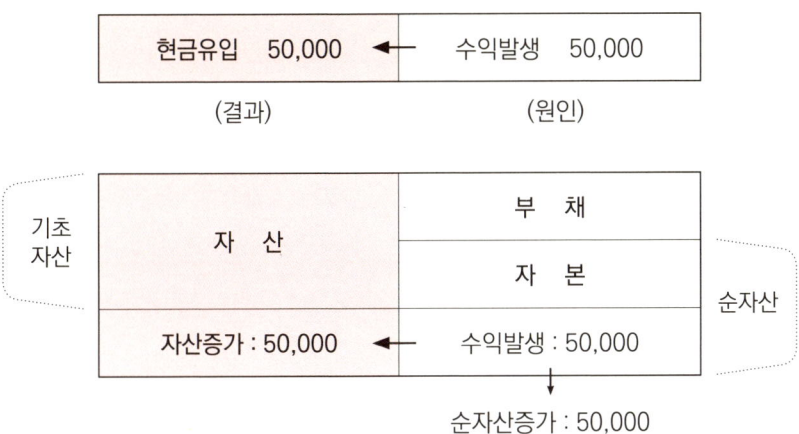

(2) 비용이 발생하는 경우

비용발생은 현금유출 결과를 초래하며 당기순이익 감소로 순자산(자산 - 부채 = 자본)이 감소한다.

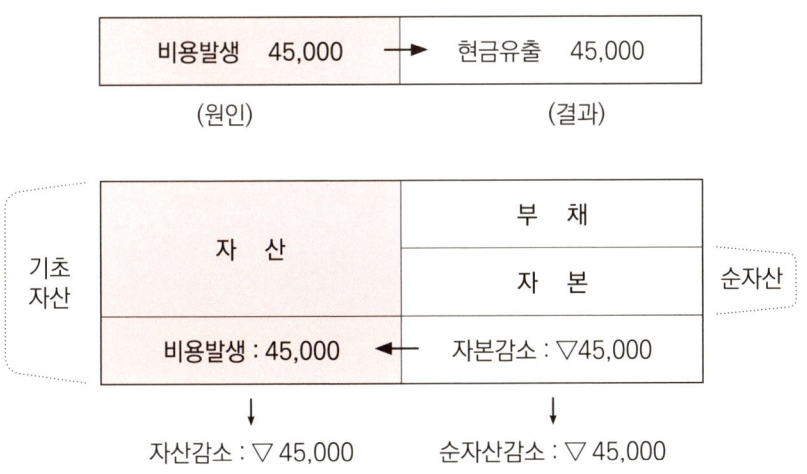

2. 손익계산서 구성 요소

〈손익계산서〉 (단위 : 만원)

구 분	금 액	비 고
매 출 액	1,200	
(△) 매 출 원 가	900	
매 출 총 이 익	300	
(△) 판 매 관 리 비	220	
영 업 이 익	80	
(+) 영 업 외 수 익	20	
(△) 영 업 외 비 용	56	
법인세비용차감전순이익	44	
(△) 법 인 세 비 용	14	
당 기 순 이 익	30	

1) 매출액

① 매출액은 주된 영업활동상 수익으로 경영성과의 주 원천이다.

② 업종 또는 매출 내용에 따라 상품매출액, 제품매출액, 용역매출액(영업수익) 등으로 구분된다.

- 상기업(도소매기업) : 상품매출액
- 제조기업 : 제품매출액
- 서비스기업 : 용역매출액

2) 매출원가

① 매출원가는 매출액에 직접 대응하여 1차로 발생하는 원가이다.

② 매출원가는 판매된 수량만큼의 원가금액으로 계산한다.

상품매출원가 = 기초상품재고액 + 당기상품매입액 − 기말상품재고액
제품매출원가 = 기초제품재고액 + 당기제품제조원가 − 기말제품재고액

(당기제품제조원가 = 원재료비 + 제조노무비 + 제조경비)

3) 매출총이익

매출액에서 매출원가를 차감하면 매출총이익이다.

매출총이익 = 매출액 – 매출원가

4) 판매비와 관리비

판매비와 관리비는 영업 및 일반관리 활동에서 발생한 지출비용으로 매출원가가 아닌 비용이다.

5) 영업이익

매출액에서 매출원가와 판매관리비를 누적적으로 차감하면 영업이익이다.

영업이익 = 매출총이익 – 판매비와 관리비

6) 영업외수익

주된 영업활동 이외의 활동에서 발생한 수익으로 금융수익, 환율변동이익, 금융자산평가이익, 자산매각이익 등이다.

7) 영업외비용

주된 영업활동 이외의 활동에서 발생한 비용으로 금융비용, 환율변동손실, 금융자산평가손실, 자산매각손실 등이다.

※ 1. 금융수익/금융비용
 - 금융수익 : 예금이자수익
 - 금융비용 : 차입금이자비용
 2. 환율변동이익/환율변동손실

- 환율변동이익 : 외환차익, 외화환산이익
- 환율변동손실 : 외환차손, 외화환산손실
3. 금융자산평가이익/금융자산평가손실
   - 금융자산평가이익 : 단기매매금융자산평가이익, 지분법이익
   - 금융자산평가손실 : 단기매매금융자산평가손실, 지분법손실
4. 자산매각이익/자산매각손실
   - 자산매각이익 : 자산처분가액이 장부가액을 초과하는 금액
   - 자산매각손실 : 자산처분가액이 장부가액에 미달하는 금액

※ 영업이익수익과 영업외비용의 특징
① 주된 영업활동이 아닌 수익비용이다.
② 비경상적, 비반복적으로 발생하는 수익비용이다.
③ 매년 일정하게 발생하는 추세적인 수익비용이 아니다.

8) 법인세비용차감전순이익

영업이익에서 영업외수익을 가산하고 영업외비용을 차감하여 법인세비용차감전순이익을 산출한다. 법인세비용차감전순이익을 **세전이익**이라고 한다.

> **법인세비용차감전순이익 = 영업이익 + 영업외수익 – 영업외비용**

9) 법인세비용

당기의 회계상 이익에 대하여 부담할 법인세 및 부가세

10) 당기순이익

법인세비용차감전순이익에서 법인세비용을 차감하여 당기순이익을 계산하며 **세후이익**이라고 한다.

> **당기순이익 = 법인세비용차감전순이익 – 법인세비용**

11) 주당이익

$$주당이익 = \frac{보통주귀속당기순이익}{가중평균유통보통주식수}$$

3. 포괄손익 (comprehensive income)

포괄손익은 '일정기간 기업의 손익을 최종적으로 주주귀속 순자산 증감액으로 판단한다'는 개념이며 순자산 증감은 크게 경영활동 손익인 당기손이익과 보유자산의 가격변동인 기타포괄손익으로 구성된다.

쉽게 말하면 장사해서 벌어들인 이익으로 늘어난 재산 금액과 보유자산 값이 올라 늘어난 재산 금액을 합친 금액이 포괄손익이다.

〈포괄손익 구조〉

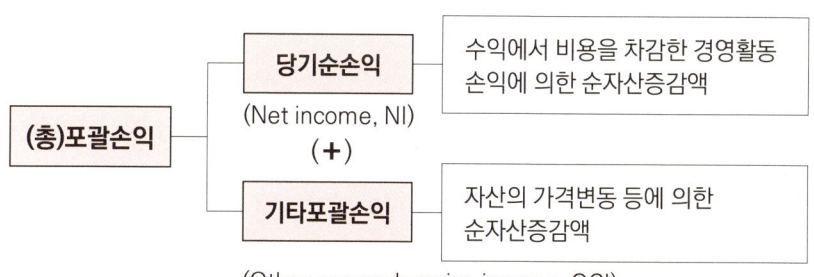

단, 당기순손익은 실현된 손익이지만 기타포괄손익은 미실현손익이라는 특성이 있다.

〈포괄손익계산서〉
(단위 : 만원)

구 분	금 액	비 고
매 출 액	1,200	
(△) 매 출 원 가	900	
매 출 총 이 익	300	
(△) 판 매 관 리 비	220	
영 업 이 익	80	
(+) 영 업 외 수 익	20	
(△) 영 업 외 비 용	56	
법인세비용차감전순이익	44	
(△) 법 인 세 비 용	14	
당 기 순 이 익	30	주된 경영활동으로 인한 순자산변동액(A)
기 타 포 괄 이 익	25	자산가치변동 등에 의한 순자산변동액(B)
(총) 포 괄 이 익	55	자본거래를 제외한 순자산변동액(A + B)

1) 개인의 포괄손익

개인의 경우도 ○○년 포괄손익은 해당 연도의 개인 순자산증감에 해당하는 금액이다.

포괄손익은 첫째, 월급을 받아 생활비에 쓴 금액을 차감한 후 당기순이익으로 순자산이 늘어났거나 둘째, 가지고 있는 금융자산이나 아파트 값이 올라 순자산이 늘어났으면 기타포괄손익이다.

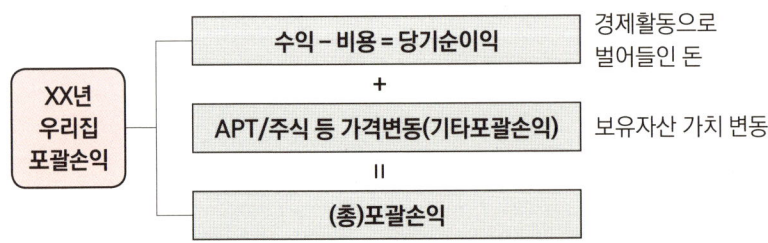

4. 포괄손익계산서에서 알 수 있는 내용

1) 당기순손익과 기타포괄손익을 알 수 있다

포괄손익계산서에서 경영활동 손익인 당기순손익과 보유자산가치 변동손익인 기타포괄손익 그리고 (총)포괄손익을 알 수 있다.

(단위 : 만원)

구 분	전 년	당 년	증감율(%)
매 출 액	1,140	1,200	5.3
(△) 매 출 원 가	830	900	8.4
(△) 판 매 관 리 비	220	220	-
(△) 영 업 외 수 지 ①	25	36	44.0
(△) 법 인 세 비 용	20	14	△30.0
당 기 순 이 익	45	30	△33.3
(+) 기타포괄이익	20	25	25.0
(총) 포 괄 이 익	65	55	△15.4

(주) ① 영업외수지 : 영업외비용 – 영업외수익

위에서와 같이 당년 (총)포괄이익은 55만원이며 당년 중 주주순자산가치(자본총계)가 증가하였음을 의미한다. 세부적으로는 이익창출 경영활동으로 30만원(당기순이익), 자산가치변동으로 25만원(기타포괄이익)의 주주순자산 가치가 증가된 것이다.

〈포괄손익 - 주주순자산 증감〉

- 영업활동손익(당 기 순 이 익)	30	→ **실현손익**
- 기타포괄손익(자산가치변동 등)	25	→ **미실현손익**
계	55	

2) 영업활동손익과 영업외활동손익을 알 수 있다

(단위 : 만원)

	구 분	전년 금액	전년 %	당년 금액	당년 %	증감(%)
영업활동손익	매 출 액	1,140	100.0	1,200	100.0	-
	(△) 매 출 원 가	830	72.8	900	75.0	+2.2
	매출총이익	310	27.2	300	25.0	△2.2
	(△) 판매관리비	220	19.3	220	18.3	△1.0
	영 업 이 익	90	7.9	80	6.7	△1.2
영업외활동손익	(+) 영업외수익	25	2.2	20	1.7	△0.5
	(△) 영업외비용	50	4.4	56	4.7	+0.3
	세 전 이 익	65	5.7	44	3.7	△2.0
	(△) 법인세비용	20	1.8	14	1.2	△0.6
	당기순이익	45	3.9	30	2.5	△1.4

① 영업활동손익은 사업 본연의 영업성과를 나타내며 주된 영업활동수익인 매출액에서 주된 영업활동비용인 매출원가와 판매관리비를 차감한 금액이다.

영업활동손익 = 매출액 - (매출원가 + 판매관리비)

기업은 영업이익이 크게 성장해야 장기적으로 수익성이 높고 기업가치를 높일 수 있다.

② 영업외활동손익인 영업외수익과 영업외비용은 주된 영업활동 이외의 수익/비용으로 비경상적, 비반복적으로 발생하는 특징이 있다.

따라서 영업외활동손익은 일시적으로 당기순손익을 증감시키지만 장기적으로 지속성을 갖는 손익은 아니다. 예를 들어 특정 연도에 일시적으로 자산매각이익(영업외수익) 또는 자산매각손실(영업외비용)이 발생하여 그 연도의 당기순손익은 크게 증감되더라도 향후 지속적으로 발생한다고 예측할 수 없다.

〈양자 비교〉

구 분	영업활동손익(영업이익)	영업외활동손익(세전이익)
활동 원천	영업활동	재무활동, 기타활동
특 성	경상적 손익, 지속적 손익	비경상적 손익, 일시적 손익
영 향	지속적 기업가치 증감	일시적 기업가치 증감

3) 구분손익을 알 수 있다

매출액에서 전체 활동 총비용을 차감하면 당기순이익이 산정된다.

총비용을 제조활동비용, 판매 및 일반관리활동, 금융 및 기타활동 등 활동별로 구분하여 각 구분단계 비용을 순차적으로 차감하여 산출되는 4종류의 이익인 **매출총이익, 영업이익, 세전이익, 당기순이익을 구분손익**이라고 한다.

구분손익의 최종적인 수익성 성과인 당기순이익이 어떤 활동에서 얼마의 이익을 창출한 결과이냐는 재무정보를 제공한다.

〈구분손익 구성〉

매출총이익
매출액 − 매출원가 = 매출총이익
매출원가는 제조업의 제품제조원가, 소매업의 상품구입원가이므로 가장 1차적으로 투입되는 활동의 수익성을 판단하는 손익 지표이다.

영업이익
매출액 − (매출원가 + 판매관리비) = 영업이익
매출액에서 차감되는 영업비용은 매출원가 이외의 영업 및 일반관리활동 원가를 포함하므로 사업본연의 수익성, 주된 영업활동 수익성을 판단하는 손익 지표이다.

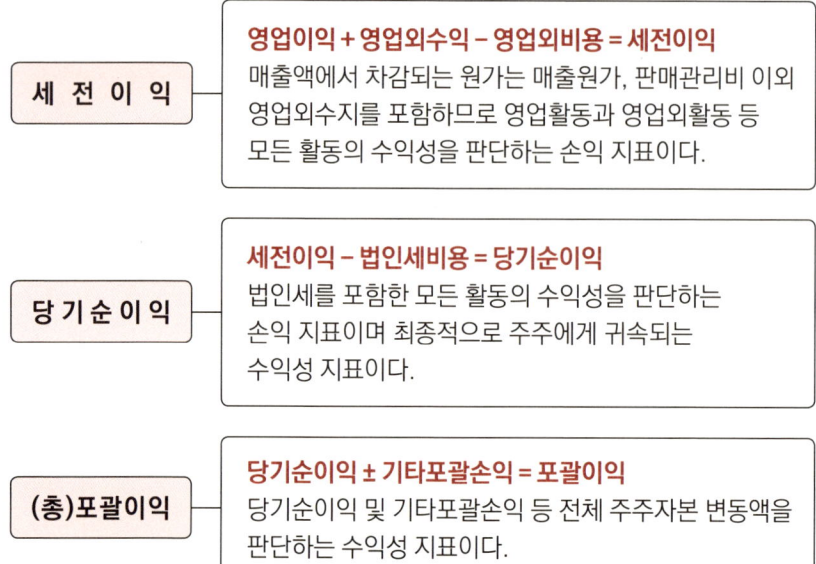

5. 포괄손익계산서 보는 법

1) 매출액과 이익이 얼마나 증가되었는가

매출액이 전기대비 얼마나 증가하였는지 파악한다. 매출액이 증가하면 매출액 증가금액에서 매출액 증가로 인한 비용증가금액을 차감한 금액만큼 이익이 증가되기 때문이다.

그러면 매출액이 증가하면 이익은 얼마나 증가하는가?

매출액이 증가하면 이익은 매출증가금액의 영업이익률이나 순이익률만큼 증가하는 것이 아니라 한계이익률만큼 증가하게 된다. 왜냐하면 매출액이 증가하면 재료비, 부품비, 포장비 등과 같은 추가로 더 소요되는 변동비는 증가하지만 고정인건비, 시설감가상각비, 기타고정비 등은 매출이 증가해도 추가되지 않는 고정비이기 때문이다.

그러므로 매출액이 증가하면 그 기업의 변동비만 차감한 이익, 즉 한계이익 또는 공헌이익만큼 이익이 증가한다.

이익증가금액 = 매출액증가액 × 한계이익률(또는 공헌이익률)

한계이익(공헌이익)은 결산손익계산서 구조와 달리 매출액에서 변동비만 차감하여 계산한다.

예를 들면, A기업의 매출액이 100억원이고 매출액증감에 따라 증감되는 변동비가 60억원이라면 손익구조는 다음과 같다. 한계이익률(공헌이익률)은 매출액의 40%이다.

	금액	%
매 출 액	100억원	100.0
(-) 변 동 비	60억원	60.0
한 계 이 익 (공헌이익)	40억원	40.0
(-) 고 정 비	30억원	30.0
당 기 순 이 익	10억원	10.0

(주) 한계이익과 공헌이익은 같은 개념이다.

- 한계이익률 = $\dfrac{\text{한계이익}}{\text{매출액}} \times 100$ • 변동비율 = $\dfrac{\text{변동비}}{\text{매출액}} \times 100$

A기업이 추가수주계약을 맺는 등 매출액 증가일 경우 이익증가금액은 한계이익(또는 공헌이익)으로 판단한다.

예를 들면 A기업이 신제품을 개발하여 잘 팔린 결과 매출액이 100억원이 증가하고 변동비만을 차감한 한계이익률이 매출액대비 40.0%라면 이익증가액은 100억원 × 40.0% = 40억원 증가하는데 제조원가와 판매관리비에 고정비가 포함되어 있으므로 한계이익률은 영업이익률이나 순이익률보다 항상 크다.

| 한계이익률(공헌이익률) 〉 영업이익률 〉 순이익률 |

2) 손익계산서 판단 시 핵심적 지표들

아래의 지표들이 전년대비 얼마나 개선되고 있는지 경쟁사대비 좋은지, 나쁜지 판단한다.

① 매출액증가율(%) = $\dfrac{\text{당기매출액} - \text{전기매출액}}{\text{전 기 매 출 액}} \times 100(\uparrow)$

② 영업이익증가율(%) = $\dfrac{\text{당기영업이익} - \text{전기영업이익}}{\text{전 기 영 업 이 익}} \times 100(\uparrow)$

③ 당기순이익증가율(%) = $\dfrac{\text{당기순이익} - \text{전기순이익}}{\text{전 기 순 이 익}} \times 100(\uparrow)$

④ 주당이익증가율(%) = $\dfrac{\text{보통주당기순이익}}{\text{평균유통보통주식수}} \ (\uparrow)$

⑤ 매출액영업이익률 = $\dfrac{\text{영 업 이 익}}{\text{매 출 액}} \times 100(\uparrow)$

⑥ 매출액순이익률 = $\dfrac{\text{당기순이익}}{\text{매 출 액}} \times 100(\uparrow)$

03 자본변동표

자본변동표는 자본 크기와 일정기간 주주자본 변동에 관한 재무정보를 제공하는 재무보고서이다.

〈자본변동표〉

구 분	자본금	자본잉여금	자본조정	기타포괄손익누계액	이익잉여금	총 계
A. 기 초 잔 액	10,000	4,000	1,500	1,000	8,000	24,500
B. 수 정 가 감 금 액	–	–	–	–	500	500
C. 수정후이익잉여금 (A ± B)					8,500	25,000
D. (+)자본변동금액	5,000	2,000	–	200	4,000	11,200
E. (△)자본변동금액	–	–	△300	–	△2,500	△2,800
F. 기 말 잔 액 (F = C + D – E)	15,000	6,000	1,200	1,200	10,000	33,400

(주) • B : 수정가감금액은 회계정책변경 누적효과, 전기오류수정 등
    • D, E : (±)자본변동금액은 유·무상증자 등 각 자본항목 변동액임

04 현금흐름표(SCF, Statement of cash flow)

현금흐름이란 일정기간 현금유입에서 현금유출을 차감한 순현금흐름, 즉 순현금증감액 재무정보이다.

재무상태표와 포괄손익계산서는 발생주의에 의하여 작성하지만 현금흐름표는 현금주의에 의하여 작성한다.

〈재무기록 기준〉

구 분	재 무 제 표
발 생 기 준	재무상태표, 포괄손익계산서
현 금 기 준	현금흐름표

※ 기본용어
① 현금유입(CI, Cash inflow) : 기업에 현금으로 들어오는 금액
② 현금유출(CO, Cash outflow) : 기업에서 현금으로 나가는 금액
③ 현금흐름(CF, Cash flow) : 현금으로 들어온 금액에서 현금으로 나가는 금액을 차감한 순현금증감금액

1. 발생기준과 현금기준

1) 발생기준

현금수입과 지출에 관계없이 거래 발생시점을 기준으로 재무기록을 한다. 예를 들어 1,000원어치 상품판매 시 현금판매는 물론 외상판매도 현금을 받지 않았지만 재화를 인도한 사실이 있으므로 외상판매금액도 판매한 날 매출액으로 재무기록을 한다.

2) 현금기준

현금수지 시점에 재무기록을 하는 기준으로 상품판매 시 현금판매는 재무기록을 하지만 외상판매는 외상판매대금이 회수되는 시점에 기록한다. 현금흐름 기본구조는 다음과 같다

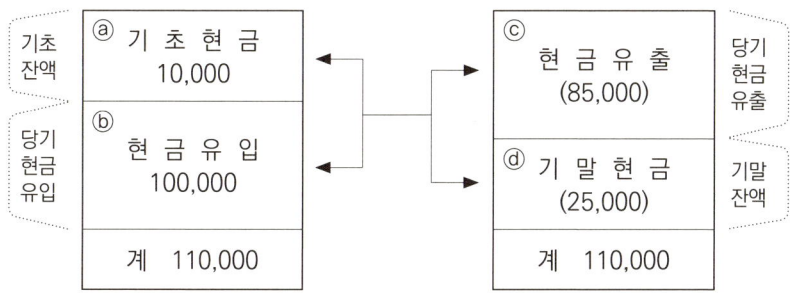

- 기초현금(ⓐ) + 현금유입(ⓑ) − 현금유출(ⓒ) = 기말현금(ⓓ)
- 기초현금(ⓐ) + 현금유입(ⓑ) = 현금유출(ⓒ) + 기말현금(ⓓ)

2. 활동별 현금흐름

영업활동, 투자활동, 재무활동 현금흐름(현금증감액)으로 구분한다.

구 분	금 액
1. 영업활동으로 인한 현금흐름	18,000
– 현금유입액(매출액, 영업외수익 등)	200,000
– 현금유출액(재료비, 인건비, 제경비 등)	△182,000
2. 투자활동으로 인한 현금흐름	△27,000
– 현금유입액(비유동자산 등의 처분)	53,000
– 현금유출액(비유동자산 등의 취득)	△80,000
3. 재무활동으로 인한 현금흐름	24,000
– 현금유입액(유상증자, 차입금 조달 등)	90,000
– 현금유출액(차입금 상환 등)	△66,000
4. 현금증감(1 + 2 + 3)	15,000
5. 기초현금	10,000
6. 기말현금(4 + 5)	25,000

구 분	내 용
영업활동 현금흐름	경상적인 손익거래 활동에서 발생하는 현금흐름 – 손익계산서 항목의 현금흐름 – • 현금유입 : 매출액, 영업외수익 등으로 발생한 현금유입 • 현금유출 : 상품/원재료구매, 인건비, 제경비, 영업외비용, 　　　　　법인세 비용 등으로 발생한 현금유출
투자활동 현금흐름	시설투자, R&D투자 등 비유동자산, 비영업관련 자산 취득· 처분활동에서 발생하는 현금흐름 • 현금유입 : 보유자산 매각 등으로 발생하는 현금유입 • 현금유출 : 투자목적의 자산취득 등으로 발생하는 현금유출
재무활동 현금흐름	소요자본 조달과 상환활동에 따른 현금흐름 • 현금유입 : 차입금, 유상증자 등으로 인한 현금유입 • 현금유출 : 차입금 상환, 유상감자, 배당금지급 등으로 인한 　　　　　현금유출

3. 현금증감액과 증감원천

1) 현금증감액

아래의 당기 현금증가는 15,000원으로 기말현금은 기초현금 대비 증가하였으므로 양호하다고 판단할 수 있다.

구 분	금 액
Ⅰ. 영 업 활 동 현 금 흐 름	18,000
Ⅱ. 투 자 활 동 현 금 흐 름	△27,000
Ⅲ. 재 무 활 동 현 금 흐 름	24,000
Ⅳ. 현 금 증 감(Ⅰ + Ⅱ + Ⅲ)	15,000

2) 현금증감 원천 활동별 분석

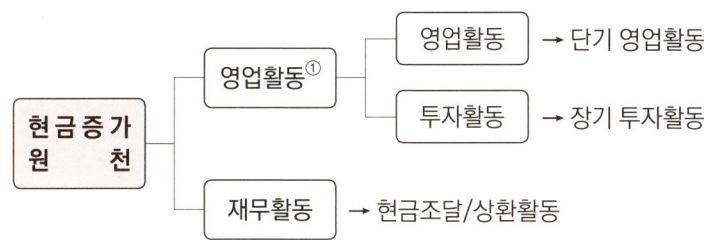

(주) ① 영업활동 : 광의의 영업활동으로(영업활동 + 투자활동) 현금흐름이며 잉여현금흐름(FCF, Free cash flow)이라 함

광의의 영업활동현금흐름(잉여현금흐름)은 본연의 사업에서 자체 노력으로 외부에서 벌어들인 현금흐름이며, 재무활동현금흐름은 부족한 자금을 차입금같이 외부에서 조달한 자금이다.

구 분	내 용	성 격
영업활동(광의)	내부 창출 현금흐름(나의 현금)	좋은 현금흐름
재무활동	외부 조달 현금흐름(남의 현금)	나쁜 현금흐름

4. 현금흐름의 질적 구조

1) 투자활동현금흐름

투자활동현금흐름은 미래 성장을 위하여 투자하는 현금흐름이기 때문에 정상적 기업의 경우 현금유출액이 현금유입액보다 많으므로 마이너스(-) 현금흐름이 된다. 투자활동의 현금조달 원천은 가장 먼저 시설매각 등으로 현금을 충당하고 부족분은 영업활동현금으로 충당해야 한다. 즉, 벌어들인 현금인 영업활동현금을 재투자 재원으로 해야 한다.

2) 재무활동현금흐름

재무활동현금흐름은 광의의 영업활동, 즉 영업활동과 투자활동현금흐름

순합계금액 결과로 결정된다.

광의의 영업활동현금흐름이 음(-)이더라도 음(-)의 금액이 크지 않으면 재무활동현금흐름은 크게 증가하지 않지만 음(-) 금액이 크면 재무활동현금흐름은 크게 증가한다.

재무활동현금흐름이 크다는 것은 광의의 영업활동에서 창출되는 현금이 작기 때문에 많은 현금을 외부에서 조달하는 결과가 되므로 좋지 않은 현금흐름으로 판단한다. 따라서 재무활동현금흐름 금액이 적을수록 현금흐름의 질적 구조가 양호하다고 판단한다.

예시 개인생활과 현금흐름(예시)

개인의 투자활동은 집을 장만하는 것이라 볼 수 있다. 이때 영업활동인 월급을 받아 모은 돈으로 많이 조달하면 재무활동인 빌리는 돈이 적을 것이지만 반대로 월급 받아 모은 돈이 적으면 많이 빌리게 되므로 현금흐름의 질적 구조가 나쁘다고 볼 수 있다.

구 분	A	B
영 업 활 동 현 금 흐 름	150,000	120,000
투 자 활 동 현 금 흐 름	(△)400,000	(△)240,000
재 무 활 동 현 금 흐 름	300,000	140,000
현 금 의 증 감	50,000	20,000
기 초 의 현 금	30,000	30,000
기 말 의 현 금	80,000	50,000

위의 경우 A와 B 중 현금흐름의 질적 구조가 어느 쪽이 양호한가?

현금증감액을 비교하면 A가 50,000원, B가 20,000원으로 A가 B보다 양호하다고 볼 수 있다. 그러나 투자활동에 영업활동현금흐름으로 얼마나 충당되었는지 비교하면 다음과 같다.

구　　　　　분	A	B
투 자 활 동 (가)	400,000	240,000
영 업 활 동 (나)	150,000	120,000
(나 ÷ 가) × 1 0 0	37.5%	50.0%

　　영업활동 현금조달 비율이 A는 37.5%, B는 50.0%로 A가 영업활동 현금조달 비중이 낮아 재무활동 조달부담이 크기 때문에 B의 현금흐름이 양호하다고 판단한다.

05 주요계정과목

1. 현금및현금성자산(Cash and cash equivalent)

'현금및현금성자산'은 기업의 현금보유 규모나 현금지급 능력을 나타내며 아무런 계약조건 없이 즉시 현금지급 수단으로 사용할 수 있는 모든 금액이며 다음의 항목 금액들을 합쳐서 산정하는 재무제표 표시상의 계정과목이다. 과거에는 '현금및현금등가물'이라는 계정과목이었다.

기업 회계상 현금 개념은 현금과 예금, 현금성자산으로 구성되며 일상생활에서의 현금 개념보다 범위가 매우 넓다.

1) 현금및현금성자산 범위(①+②+③)

① 현금 : 통화 및 통화대용증권이 해당된다.
- 통화는 한국은행에서 발행하는 화폐로 주화 및 지폐이다.
- 통화대용代用증권이란 통화 대신 사용할 수 있는 금액을 의미하며 자기앞수표, 당좌수표, 우편환증서, 배당금지급통지표, 만기된 공사채이자표, 국고환급금통지서 등이다.

② 예금 : 요구불예금인 보통예금과 당좌예금이 해당된다. 요구불예금이란 아무런 제약조건 없이 즉시 현금인출 가능한 예금이며 현행 보통예금과 당좌예금 두 가지가 있다.

③ 현금성자산 : '현금과 같은 성격의 자산'이라는 의미이며 큰 거래 비용 없이 현금으로 전환이 용이하고 이자율 변동에 따른 가치변동 위험이 중요하지 않으며 만기가 3개월 이내인 금융상품이다.

현금성자산은 취득일로부터 3개월 이내 만기가 도래하는 양도성예금증서(CD), 환매조건부채권(RP), 머니마켓펀드(MMF), 어음관리계좌(CMA) 등이다.

2) 당좌예금

은행과의 약정에 의하여 예금 잔액이 없거나 부족하더라도 약정금액 한도(예 : 1억원)까지 당좌수표를 발행하여 지급수단으로 사용할 수 있는 예금으로 마이너스통장과 같은 원리이다.

당좌예금 잔액이 플러스(+)이면 유동자산인 당좌예금으로 분류되며 잔액이 마이너스(-)이면 유동부채인 당좌차월이다.

• 당좌차월 : 당좌수표를 발행하여 대금을 지급하면 당좌예금이 감소하여 일정시점에 당좌예금이 마이너스(-) 상태가 되는데 이때는 당좌차월이 된다. 즉 마이너스(-) 금액만큼 잔액이 모자라 거래은행에서 빌려주는 금액이므로 차입금이 발생한다. 이것이 당좌차월이며 단기차입금(유동부채)으로 분류된다.

3) 현금및현금성자산의 판단

현금및현금성자산 금액이 클수록 기업의 지급능력이 높고 유동성이 양호하다고 판단하며 기업이 얼마나 현금을 보유하고 있는지 판단할 때 '현금및현금성자산' 금액을 말한다.

4) 현금과 관련 있는 분석지표

현금및현금성자산이 총자산에서 차지하는 비중인 현금구성비율[(현금및현금성자산/총자산)×100]과 현금및현금성자산으로 현금지급능력을 분석하여 유동부채를 상환할 수 있는 현금비율[(현금및현금성자산/유동부채)×100]로 분석한다.

5) 현금및현금성자산 증대방안

영업활동에서 매출액 증대, 원가절감을 통한 이익을 증대시키고, 투자규모 축소 및 적정화, 불필요한 자산 매각 등으로 증대시킬 수 있으며 마지막으로 재무활동을 통한 유상증자나 차입금을 늘려 증가시킬 수 있다.

2. 매출채권(Trade receivables)과 대손충당금(allowance for bad debts)

매출채권은 주된 영업활동인 매출액 대금이 아직 현금으로 회수되지 아니한 외상매출금과 받을어음 금액을 합친 금액으로 재무상태표 표시상 계정과목이다.

1) 매출채권 범위(① + ②)

① 외상매출금 : 거래선과 신용에 의하여 아무런 채권 확보 없이 일정기간 경과 후 매출액 대금을 지급하겠다는 쌍방 간 약정에 의하여 발생하는 미회수채권 금액이다.

② 받을어음 : 매출액 대금을 언제까지 지급하겠다는 약속을 약속어음 용지에 작성하여 교부받는 미회수채권금액이다.

(1) 재무제표상에 매출채권이라는 계정과목으로 표시하는 이유

외상매출금과 받을어음은 계정과목 내용이나 성격, 회계처리 내용이 완전히 다르지만 재무상태표에서는 구분하지 않고 합친 금액을 매출채권으로 하는 이유는 매출액 대금이 어느 정도 기간에 현금으로 회수되는지 판단할 때 두 가지 계정과목의 성격이 같기 때문이다.

즉, 재무제표 이용자는 외상매출금이 얼마 있으며 받을어음이 얼마인지가 중요한 게 아니라 회사의 매출대금이 현금으로 회수되는 기간이 얼마나 되는지 판단하는 것이 더 중요하기 때문이다.

외상매출금과 받을어음 구분은 회사 내부의 자금부장이 하면 된다.

(2) 매출채권의 판단

- 매출액증가율 〉 매출채권증가율 → 좋음
- 매출액증가율 〈 매출채권증가율 → 나쁨

매출채권 금액이 많다는 것은 그만큼 매출액 대금의 현금회수가 늦어진다는 의미이므로 낮을수록 좋다고 판단한다.

다만 매출채권 금액은 그 자체로 판단할 것이 아니라 발생원인인 매출액과 상대비교하여 판단해야 한다. 즉 매출액이 증가하여 많아지면 매출채권 금액도 당연히 늘어나기 때문이다.

매출채권 금액이 증가하는 원인은 첫째, 매출액이 증가하면 매출채권이 증가하며 둘째, 매출액의 현금회수 기간이 늦어져도 매출채권이 많이 쌓여 증가한다.

따라서 매출액 증가 때문에 매출채권이 증가하는 것은 좋은 현상이지만 매출채권의 현금회수 기간이 늦어져 증가하는 것은 나쁘다고 판단한다.

(3) 매출채권 분석지표

- 매출채권회전율 = $\dfrac{매출액}{매출채권}$

- 매출채권회전일수 = $\dfrac{매출채권}{1일평균매출액}$

- 매출채권회전일수 = $\dfrac{매출채권}{매출액} \times 365$

매출채권회전율은 매출액이 매출채권 규모의 몇 배이냐인데 매출채권 규모가 1년에 몇 번 회수되느냐는 의미이므로 높을수록 좋다.

매출채권회전일수는 매출채권이 1일 평균매출액의 며칠 치이냐? 즉 매출채권이 며칠 분의 매출액이 쌓여 있느냐이다. 매출액이 현금회수되는 기간을 의미하므로 매출채권회수일수는 짧을수록 좋다.

쉽게 판단할 때는 매출액 증가율이 매출채권증가율보다 높으면 좋은 현상이나 매출채권증가율이 더 높다면 나쁘다고 판단하면 된다.

2) 대손충당금(Bad debt)

대손충당금은 받아야 할 매출채권 중에서 현금회수가 불가능할 것으로 예상되는 금액이며 악성채권이라고 한다.

못 받게 될 금액은 손실 개념이므로 대손상각비라는 판매관리비의 비용계정과목으로 처리하여 이익을 감액시킨다.

못 받게 될 금액만큼 재산도 줄어들기 때문에 대손충당금은 매출채권에서 차감하는 형태로 다음과 같이 표시한다.

〈재무상태표〉

계 정 과 목	금	액
⋮	⋮	
매 출 채 권	1,000,000	
대손충당금	(-)30,000	970,000
⋮	⋮	

〈손익계산서〉

계 정 과 목	금	액
매 출 액		
⋮		
판매관리비		
⋮		
대손상각비		30,000
⋮		
영 업 이 익		

대손충당금이 많으면 그만큼 부실채권이 많음을 의미하므로 '대손상각비'라는 비용증가로 이익이 줄어들 뿐 아니라 '대손충당금' 증가로 자산 규모도 작아진다.

3. 판매목적 재고자산(inventories)

재고자산은 판매목적으로 보유하는 실물재화로 일반적으로 매입시점부터 1년 이내 팔리기 때문에 유동자산이지만 당좌자산보다 현금으로 바뀌는 기간이 늦으므로 유동성은 낮다.

재고자산의 특징은 기말 재고자산 평가내용에 따라 매출원가와 손익 결정에 중요한 요소가 된다는 것이다.

1) 재고자산 분류

재고자산은 업종 분류와 실물 내용에 따라 다음과 같이 분류한다.

(1) 상품

재화를 매입하여 가공 없이 판매하는 상기업인 도소매업(슈퍼마켓, 편의점, 백화점 등)이 보유하는 판매목적의 재화, 즉 메이커로부터 매입하고 진열만 하여 판매하는 재화

(2) 제품(Finished good)

원재료를 매입하여 자체에서 가공하여 판매하는 재화로 제조업이 판매목적으로 보유하는 최종 재화

(3) 재공품(WIP, Work in process)

원재료를 제조공정에 투입하여 제조가공 중에 있는 재화로 최종 포장까지 끝나지 않은 상태의 재화

(4) 원재료

제품의 실체를 구성하는 원료나 재료

(5) 미착품
수입품에서 발생하며 주문매입하였으나 아직 도착하지 않은 재화

(6) 저장품
벙커C유 등과 같은 소모성 재고자산

2) 재고자산 취득원가 계산
재고자산 취득원가는 매입가액에 매입부대비용을 가산한 금액이다.

재고자산 취득원가 = 재고자산 매입가액 + 매입부대비용

① 매입가액 : 매입가액은 당해 재고자산의 실제 매입가액을 말한다.
② 매입부대비용 : 매입운임, 수수료, 하역료, 운송보험료, 세금 등 매입과 관련하여 필수적으로 발생하는 지출이다.

예시 A상품의 매입가격 2,000,000원, 매입운임 20,000원, 수수료 30,000원이 발생하였다면 취득원가는 2,050,000원이다.

3) 매출원가 계산과 재고자산 평가
상기업의 손익을 계산할 때 매출액에서 매출원가를 차감하여 매출총이익이 산정되고 당기순이익이 계산된다.

(예시)	2020년	이익계산
2020년	상품매출액	50,000
2020년	(-)상품매출원가	40,000
2020년	상품매출총이익	10,000
	⋮	
2020년	당기순이익	2,000

- 2020년 상품매출액 = 2020년 상품판매수량 × 판매단가
- 2020년 상품매출원가 = 2020년 상품판매수량 × 매입단가
  → 2020년 상품매출원가는 2020년 팔린 수량만큼의 매입금액을 매출원가로 한다.

따라서 매출원가는 다음과 같이 계산한다.

매출원가는 ①과 ②는 더하고 ③은 뺀다.

---

① 2020년 기초상품재고액 : 2019년 기말상품재고액으로 2019년 이전 매입하였으나 2019년 말까지 안 팔린 재고수량 금액이며 2020년에 팔게 됨
② 2020년 당기상품매입액 : 2020년에 팔려고 매입한 재고수량의 금액임

(①+②) : 2020년에 판매가능한 수량의 금액

③ 2020년 기말상품재고액 : 2020년 말까지 안 팔린 재고수량의 금액이며 2021년에 팔리게 되므로 2020년 매출원가에 포함되지 않음

(①+②-③) : 2020년 상품매출원가

---

③ 2020년 매출총이익 = 2020년 매출액 - 2020년 매출원가

4) 재고자산 판단

(1) 재고자산 증감

- 매출액증가율 〉 재고자산증가율 → 좋음
- 매출액증가율 〈 재고자산증가율 → 나쁨

재고자산금액이 계속 늘어난다든가 기준치금액보다 많다는 것은 재고자산 판매가 원활치 못하여 재고자산이 쌓여 있음을 의미한다.

재고자산이 늘어나는 이유는 첫째, 매출이 증가하기 때문에 재고자산이

증가할 수 있는데 이것은 좋은 현상이다. 즉, 재고자산이 많아야 많이 팔 수 있다는 뜻이다. 둘째, 매출이 부진하여 재고자산이 안 팔려 증가할 수 있는데 이렇게 증가하는 것은 나쁜 현상이다.

따라서 재고자산증가율과 매출액증가율을 대비하여 판단해야 한다.

(2) 재고자산 판단지표

- 재고자산 회전율 = $\dfrac{\text{매출액}}{\text{재고자산}}$

- 재고자산 회전일수 = $\dfrac{\text{재고자산}}{\text{1일평균매출액}} \times 365$

- 재고자산 회전일수 = $\dfrac{\text{재고자산}}{\text{매출액}} \times 365$

재고자산회전율은 현재 매출액이 재고자산의 몇 배이냐이며 1년에 몇 번 매출액으로 팔리느냐의 의미이므로 높을수록 좋다.

재고자산회전일수는 재고자산 보유금액이 며칠치 판매분을 보유하고 있느냐는 의미이므로 짧을수록 좋다.

쉽게 판단할 때는 매출액 증가율이 재고자산증가율보다 높으면 좋은 현상이며 재고자산증가율이 더 높다면 나쁘다고 판단한다.

4. 유가증권

1) 유가증권 분류

① 단기매매금융자산 : 일시적인 자금운용 목적으로 보유하는 금융자산
② 장기금융상품 : 1년 이상 장기보유 목적의 금융상품
③ 매도가능금융자산 : 기타포괄손익인식 금융자산이며 1년 이상 보유

하는 주식, 사채 등의 자산

④ 만기보유금융자산 : 상각후원가측정 금융자산이며 만기까지 보유할 적극적인 의도와 능력이 있는 금융자산으로 주식은 만기가 없으므로 분류되지 않는다.

⑤ 관계기업투자주식 : 지분율이 20%에서 50% 이내인 투자주식으로 중대한 영향력을 행사할 수 있는 의결권이 있다.

⑥ 종속기업투자주식 : 지분율 50% 이상 보유하는 연결실체대상주식으로 의결권이 있다.

2) 유가증권 평가와 관련한 금융자산 비교

유가증권 금융자산을 비교하면 다음과 같다.

〈유가증권 금융자산 비교〉

구분	유동자산	비유동자산			
	단기매매 금융자산	매도가능 금융자산	만기보유 금융자산	관계기업 투자주식	종속기업 투자주식
평가상 계정 과목	당기손익인식 금융자산	기타포괄 손익인식 금융자산	상각후 원가측정 금융자산	지분법 적용 투자주식	-
지분율	-	0%~20%	-	20%~50%	50% 이상
보유 목적	단기보유 단기자금 운용 목적	장기보유 투자 목적	장기보유 투자 목적	경영 참여 목적	지배 목적
평가차 손익 (공정 가치 변동 차액)	영업외손익 → 당기순이익 → 이익잉여금 증감	기타포괄손익 → 기타포괄손 익누계액증감	영업외손익 → 당기순이익 → 이익잉여금 증감	지분법손익 (영업외손익) → 당기순이익 → 이익잉여금 증감	연결재무 제표 작성

5. 공정가치평가손익과 지분법손익

1) 공정가치평가손익

① 단기매매금융자산의 공정가치변동액은 '단기매매금융자산평가손익'으로 하여 영업외수익/비용과 당기손익에 반영되는 '당기손익인식금융자산'이다.

단기매매금융자산은 현재 금융자산으로 보유하고 있지만 단기간 내에 처분하여 손익실현이 될 수 있으므로 당기손익으로 인식한다.

② 매도가능금융자산의 공정가치변동액은 매도가능금융자산평가손익으로 기타포괄손익에 반영되므로 '기타포괄손익인식 금융자산'이다.

2) 지분법손익

지분법(equity method)이란 피투자기업의 순자산변동액에 지분율을 곱하여 산정한 금액으로 유가증권을 평가하는 방식이며 관계기업투자주식의 기말 장부가액은 공정가치로 평가하지 않고 피투자기업의 순자산변동액 기준인 지분법으로 평가한다.

피투자기업의 순자산변동액이 당기순이익일 경우에는 관계기업의 지분법손익(영업외손익)으로 당기순이익에 반영한다.

예시 ① A사는 2020년 B사의 의결권 있는 보통주 30%를 1,200원에 취득하였다.
② 2020년 B사의 순자산은 당기순이익으로 5,000원 증가하였다.
③ A사의 지분법손익은 5,000원×30% = 1,500원 지분법이익
　　　　　　　　　　(B사 당기순이익) (지분율)　→ 영업외수익
　　　　　　　　　　　　　　　　　　　　　　→ 당기순이익
　　　　　　　　　　　　　　　　　　　　　　→ 이익잉여금증가

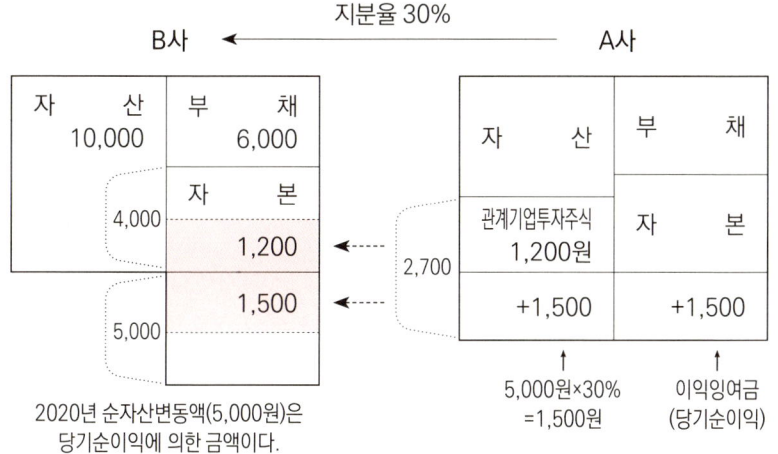

6. 유형자산의 감가상각비

1) 감가상각비의 의미

감가상각비란 유형자산을 장기간 영업활동에 사용함에 따라 매년 유형자산의 자산가치가 감소되는 금액을 의미한다.

그러나 유형자산의 실질적 가치감소를 측정하는 것은 어려우므로 감가상각비의 회계적 본질은 유형자산 취득 시 지출된 금액을 내용연수로 나누어 사용기간인 내용연수기간에 걸쳐 기간 배분하는 금액으로 한다.

2) 감가상각비와 관련하여 알아야 할 용어

① 취득원가 : 자산취득 시 지출된 금액으로 자산매입가액에 매입부대비용 지출을 가산한 금액(취득원가 = 자산가액 + 매입부대비용)
- 매입가액 : 당해 자산의 매입금액
- 매입부대비용 : 자산의 사용가능한 상태까지 지출된 금액으로 수수료, 취득등록세, 설치비, 운반비 등

② 잔존가치 : 자산의 사용 완료 후 합리적으로 추정한 처분예상금액에

서 처분예상비용을 차감한 금액(잔존가치 = 자산처분예상가액 - 처분예상비용)이며 법인세법에서는 잔존가치를 '0'으로 한다.

③ 내용연수 : 합리적으로 추정한 자산의 예상 사용기간
④ 상각대상금액 : 취득원가 - 잔존가치
⑤ 감가상각비 : 매년 감가상각비 계산금액
⑥ 감가상각누계액 : 취득 이후 현재까지 매년 감가상각비 누적금액
⑦ 장부가액 : 취득원가 - 감가상각누계액

3) 감가상각비 계산 예시 : 정액법 기준

- 기계설비 취득지출금액 : 20,000원
- 사용기간(내용연수) : 5년
- 사용완료 후 처분예상액(잔존가치) : 취득금액의 10%(2,000원)
- 연 감가상각비 : (20,000 - 2,000)/5년 = 3,600원

4) 감가상각 방법

① 정액법 : 내용연수 기간 내 매년 균등액을 상각한다.

$$감가상각비 = \frac{취득원가 - 잔존가액}{내용연수}$$

② 정률법 : 자산사용 초기에 가치 감소가 크고 기간 경과에 따라 가치 감소가 줄어들게 상각한다.

- 감가상각비 = (취득원가 - 감가상각누계액) × 상각률
- 상각률 = $1 - \sqrt[n]{\frac{잔존가액}{취득원가}}$ (n : 내용연수)

③ 정액법과 정률법 비교

정액법은 매년 감가상각비가 일정하며 정률법은 초기에 감가상각비가 크지만 매년 줄어든다.

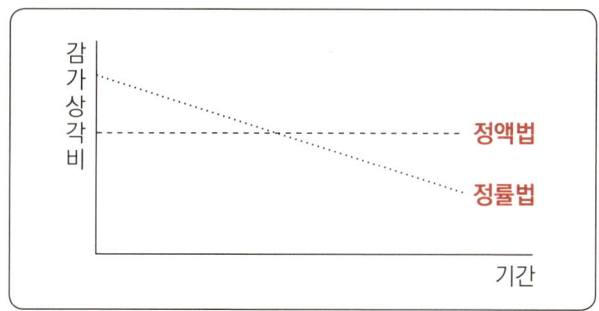

따라서 감가상각 방법에 따라 당기순이익과 법인세 비용이 차이가 나는데 정률법은 정액법 대비 초기에 감가상각비가 많아 당기순이익이 낮지만 기간이 경과할수록 감가상각비는 적게 계상되고 당기순이익은 증가한다.

7. 영업권

영업권은 기업을 인수할 때 발생하는데 인수대상 기업의 재무적 가치보다 더 높게 지급할 경우 초과지급액을 말한다. 이 경우 재무적 가치라 함은 인수대상 회사의 순자산(자산 - 부채) 공정가치이다.

물건을 살 때 정가보다 높게 사는 경우 높게 지급하는 금액이 영업권이다. 예를 들면, 인기 높은 스포츠 경기에 관람할 가치가 있다고 판단하여 정가보다 높게 암표값을 지급하고 입장하는 경우가 해당된다. 이때 영업권은 암표값에서 정가를 차감한 금액이다.

예시 다음은 A사의 재무상태표이다.

B사는 A사를 인수하는 데 5,000만원 지급하였다면 영업권은 얼마인가?

A사의 재무상태표
(단위 : 만원)

자산	공정가치	부채	공정가치
재고자산 토지/건물	1,000 3,000	차입금	500
계	4,000	계	500

(주) 공정가치 : 시장에서 거래되는 가격

① A사 순자산공정가치(정가) : 4,000만원(자산) − 500만원(부채) = 3,500만원
② B사의 영업권(프리미엄) : 5,000만원 − 3,500만원 = 1,500만원

판단 B사는 A사 가치가 다른 경쟁 회사보다 초과수익력 등으로 현재 순자산공정가치보다 높다고 판단하여 웃돈(프리미엄) 1,500만원을 더 지급하기 때문에 영업권이 발생함

8. 이연법인세(Deferred taxes)

원래 기업이 부담할 법인세는 기업회계기준에 의한 회계이익에 세율을 곱하여 산정한 손익계산서상의 '법인세비용'이지만 실제 '납부법인세'는 법인세법에 의한 과세소득에 세율을 곱한 금액으로 '회계이익'과 '과세소득'의 차이 때문에 '법인세비용'과 '납부법인세'의 금액차이가 이연법인세이며 세무조정차이로 발생한다(p.179-182 참조).

매 사업연도에 발생하는 이연법인세는 그 이후 사업연도에 반대의 차이 때문에 반드시 소멸되는 특징이 있다.

1) 이연법인세자산/부채

예시 2021년 '법인세비용'이 10,000원일 경우 납부법인세가 12,000원이 될 수 있고 경우에 따라서 9,000원이 될 수도 있다.

(1) 이연법인세자산(DTA, Deferred tax asset)

예시에서와 같이 2021년 '법인세비용'이 10,000원이고 '납부법인세'가 12,000원이라면 과다납부한 2,000원은 2022년 이후 연도에 회계이익에 부담할 '법인세비용'보다 작게 납부하기 때문에 자산(이연법인세자산)이 되며 작게 납부함으로써 2021년 발생한 차이 금액이 소멸하게 된다.

(2) 이연법인세부채(DTL, Deferred tax liabilities)

2021년 '법인세비용'이 10,000원인데 '납부법인세'가 9,000원이라면 과소납부한 1,000원은 2022년 이후 연도에 회계이익에 부담하는 '법인세비용'보다 많이 납부해야 하기 때문에 부채(이연법인세부채)가 되며 많이 납부함으로써 2021년 차이금액 역시 소멸하게 된다.

2) 이연법인세 발생원인

앞서 본 바와 같이 이연법인세는 기업회계기준(기업회계)과 법인세법(세무회계)의 차이, 즉 세무조정차이 때문에 발생한다.

(1) 이연법인세 자산

① 익금산입/손금불산입 항목은 당해 연도 과세소득을 증가시켜 납부세액이 증가되지만 이후 연도에 반대의 차이인 익금불산입/손금산입되어 과세소득이 감소되고 납부세액이 감소되어 그 차이가 소멸한다.

② 이월결손금이 발생하는 경우 결손으로 인한 법인세 환급은 당해 연도 환급되는 것이 아니라 그 이후 사업연도에 납부할 법인세에서 차감하므로 차기 이후 연도 납부세액이 줄어들게 된다(이를 이월결손금 공제라 하고 10년간 이월 공제된다).

(2) 이연법인세 부채

손금산입/익금불산입 항목은 당해 연도 과세소득과 납부세액이 줄어들지만 이후 사업연도에 손금불산입/익금산입되어 납부세액이 늘어나 그 차이가 소멸하게 된다.

9. 매입채무(Trade payable)

매입채무는 주된 영업활동과 관련하여 상품매입, 원료재료매입 등의 채무를 아직 현금으로 지급하지 않은 미지급채무로 외상매입금과 지급어음을 합친 금액(외상매입금+지급어음)으로 재무상태표 표시상의 계정과목이다.

① 외상매입금 : 거래선과의 신용에 의하여 아무런 채무담보 없이 일정기간 경과 후 매입대금을 지급하겠다는 쌍방 간 약정에 의한 미지급채무금액이다.

② 지급어음 : 매입액 대금을 언제까지 지급하겠다는 약속을 약속어음 용지에 작성하여 교부하는 미지급채무이다.

1) 재무상태표에 매입채무라는 계정과목으로 표시하는 이유

외상매입금과 지급어음은 계정과목 성격이나 회계처리 내용은 완전히 다르지만 상품이나 원재료를 매입하고 아직 현금지급되지 않았다는 측면에서는 똑같은 성격이지만 재무제표 이용자가 이 회사가 상품이나 원재료 매입 후 얼마 만에 현금지급되었느냐를 판단하기 위해서는 합친 금액으로 계산해야 하기 때문이다.

만약 외상매입금과 지급어음을 나누어 표시한다면 재무제표 이용자는 더하기 계산을 한 번 더 해야 한다.

2) 매입채무의 역할

기업은 상품/원재료 매입, 인건비 및 제경비 지급 등 운전자금지출(시설투자 등의 투자자금이 아닌)이 발생하며 이러한 재화나 용역을 외상으로 구입하면 돈 들지 않고 운전자금을 조달할 수 있기 때문에 운전자금조달액 중 가장 크고 중요한 역할을 한다.

3) 매입채무 판단

① 매입채무 금액이 많다는 것은 두 가지 측면으로 검토해야 한다. 첫째, 매출액이 많으면 매입액이 늘어나기 때문에 매입채무 지급일수가 같더라도 매입채무가 늘어나게 된다. 둘째, 매입채무 지급일수를 늦추면 매입채무 절대금액도 많아진다.

② 매입채무의 분석지표

$$\bullet \text{매입채무회전율} = \frac{\text{매입액}}{\text{매입채무}}$$

$$\bullet \text{매입채무회전일수} = \frac{\text{매입액}}{\text{1일평균매입액}}$$

$$\bullet \text{매입채무회전일수} = \frac{\text{매입채무}}{\text{매입액}} \times 365$$

매입채무회전율은 높을수록, 매입채무회전일수는 낮을수록 대금지급이 빠르다는 의미이다.

쉽게 판단하려면 매입증가액가율과 매입채무증가율을 비교해 보면 알 수 있다. 매입증가율이 매입채무증가율보다 높으면 매입대금을 너무 빨리 지급한다는 의미이다.

10. 단기차입금

단기차입금은 1년 이내 상환일이 도래하는 차입금으로 기업의 운전자금소요액(매출채권+재고자산)이 많아져 발생하며 당좌예금이 (−)인 상태, 즉 당좌차월도 단기차입금에 포함된다.

1) 운전자금소요액

기업의 운전자금소요액은 주로 '매출채권과 재고자산'이다.

재고자산금액은 상품매입액, 원재료 매입금액, 노무비지급 및 기타 제경비 지출액이 포함되어 있는 금액으로 지출만 되고 현금회수되지 않는 금액이다.

매출채권금액은 재고자산금액에 영업비, 물류비, 이익까지 가산된 금액이며 팔렸으나 아직 현금회수되지 않은 금액이다.

따라서 매출채권과 재고자산을 합한 금액은 '생산/영업활동'에서 지출만 발생하고 현금회수되지 않은 운전자금소요액이다.

2) 운전자금조달과 단기차입금 발생

운전자금소요액은 1차적으로 매입채무로 조달해야 한다. 즉 외상매입으로 가장 먼저 조달해야 한다는 의미이다. 그런데 매입채무로 많이 조달되었으면 (아래 A 경우) 단기차입금조달금액이 적지만 매입채무조달금액이 적다면 (아래 B 경우) 단기차입금이 증가한다.

3) 단기차입금을 줄이는 방안

운전자금소요액(매출채권+재고자산) 자체 규모를 줄여야 하고 가급적 매입채무를 많이 늘려나간다.

11. 회사채

기업이 자금을 조달할 목적으로 사채권을 발행하여 불특정 다수인으로부터 장기간 거액의 자금을 조달하고 미래 일정시점에 상환하며 약정된 이자율에 따라 이자를 지급하는 채무증권이다.

1) 사채의 특징

사채는 기업이 투자자에게 사채권을 발행·교부하여 거액의 자금을 장기간(통상 3년) 조달하고 매 3개월마다 이자를 지급하며 만기에 사채의 액면금액을 상환하므로 차입금과 같으나 주로 시설투자자금으로 거액의 자금을 조달하는 장기조달자금(통상 3년)이므로 비유동부채로 분류된다.

2) 발행가액 결정

회사채 발행가액은 사채발행으로 미래에 현금지출되는 금액(원금+이자지급액)을 시장이자율로 할인한 현재가치로 결정된다.

구 분	발 행 가 액	이 자 율
액 면 발 행	액면가액 = 발행가액	표시이자율 = 시장이자율
할 인 발 행	액면가액 〉 발행가액	표시이자율 〈 시장이자율
할 증 발 행	액면가액 〈 발행가액	표시이자율 〉 시장이자율

(주) ① 표시이자율 : 회사가 이자를 지급하겠다는 액면이자율
　　② 시장이자율 : 증권시장에서의 투자수익률로 기회비용임

12. 자본

1) 자본금(유무상증자)
주주가 납입한 액면가 기준 자본금

(1) 유상증자
주주가 현금을 납입하는 증자로 액면가 금액까지는 자본금 계정으로 하고 액면차액금액은 주식발행초과금 또는 주식할인발행차금으로 한다.
 (주) 증자 : 자본금 증가

① 액면발행 : 발행가액 = 액면가액
액면가 500원, 발행가 500원으로 300주 발행하다.

(차) 현 금	150,000	(대) 자 본 금	150,000

 ① 자본금(액면가), 300주 × @500 = 150,000
 ② 현금(발행가), 300주 × @500 = 150,000

② 할증발행 : 발행가액 〉 액면가액
액면가 500원, 발행가 800원으로 300주 발행하다.

(차) 현 금	240,000	(대) 자 본 금 주식발행초과금	150,000 90,000

 ① 자본금(액면가), 300주 × @500 = 150,000
 ② 현금(발행가), 300주 × @800 = 240,000
 (주) 주식발행초과금, 240,000 - 150,000 = 90,000 : 자본잉여금으로 분류함

③ 할인발행 : 발행가액 〈 액면가액
액면가 500원, 발행가 400원으로 300주 발행하다.

(차)	현 금	120,000	(대)	자 본 금	150,000
	주식할인발행차금	30,000			

① 자본금(액면가), 300주 × @500 = 150,000
② 현금(발행가), 300주 × @400 = 120,000
(주) 주식할인발행차금(120,000 - 150,000 = (-)30,000)은 (-) 자본조정으로 분류함

(2) 무상증자

주주가 현금납입하지 않고 이미 쌓여 있는 적립금을 자본금으로 전입(자본금으로 옮김)하고 주식을 발행하는 증자

주식발행초과금 50,000원, 이익준비금 30,000원을 자본전입하고 신주 160주를 발행하다(액면가 500원).

(차)	주식발행초과금	50,000	(대)	자 본 금	80,000
	이 익 준 비 금	30,000			

(주) • 주식발행초과금, 이익준비금이 감소하고 자본금이 증가함
 • 자본금 : 160주 × 500원 = 80,000원

2) 주식발행초과금

주식발행가액이 액면가액을 초과하는 금액

3) 자기주식

자기회사가 발행한 주식을 매입취득하는 경우 주주가 납입한 자본금을 현금으로 반환한 것이므로 자본감소 항목으로 분류하여 (−) 자본조정으로 한다.

4) 주식할인발행차금

주식발행가액이 액면가액에 미달하는 금액

5) 이익잉여금

손익거래에서 발생한 당기순이익 중 주주배당금 지급액으로 사외유출된 금액을 차감한 내부유보잉여금으로 두 종류가 있다.

① 법정적립금 : 법 규정에 의하여 강제적으로 유보하는 적립으로 이익준비금 등이다.
- 이익준비금 : 상법상 규정에 의거 당해 연도 현금배당액의 1/10 이상을 자본금의 1/2에 달할 때까지 적립하는 적립금

② 임의적립금 : 정관 규정이나 주주총회 결의에 의하여 회사에서 재무정책적으로 유보하는 적립금

13. 주요 비용

1) 제조원가

제품생산 과정에서 발생한 원가

(1) 원재료비

제품 실체를 구성하는 원료 및 재료비

(2) 제조노무비

생산부서의 인건비로 급여, 상여금, 퇴직급여, 복리후생비

(3) 제조경비

전력비, 연료비, 감가상각비, 외주가공비 등 재료비와 노무비를 제외한 제조 제경비

2) 판매비와 관리비
생산부서와 공장 이외의 발생원가

(1) 인건비
급여, 상여금, 퇴직급여, 복리후생비

(2) 감가상각비
시설자산 사용으로 자산가치 감소 금액

(3) 기타제경비
인건비와 감가상각비를 제외한 제경비 금액

3) 영업외수익/영업외비용

(1) 금융수익/금융비용
예금이자수익 및 차입금 이자비용

(2) 환율변동
① 외환차손익 : 외화표시자산 회수나 외화표시부채 상환 시 환율변동으로 발생하는 장부가액과의 차익 및 차손
② 외화환산손익 : 보유하고 있는 외화표시자산이나 외화표시부채의 원화로 환산 시 환율변동으로 발생하는 장부가액과의 환산이익 및 환산손익

(3) 자산처분손익
보유 자산의 처분가액과 장부가액과의 차익 및 차손 금액

(4) 자산평가손익

보유 금융자산의 공정가치(시장에서 거래되는 가격)와 장부가액과의 차익 및 차손 금액(단기매매금융자산평가이익/손실, 지분법이익/손실 등)

(5) 기타영업외수익/비용

이외의 영업외활동에서 발생하는 수익과 비용

재무제표분석으로
알짜종목투자하기

제3장

재무제표 분석

01 재무제표 분석 용어

1. 재무분석 판단 요소

구 분	재무요소 내용
수 익 성	얼마나 많이 벌고 있는지 분석하는 요소
재 무 구 조	재무상태가 얼마나 건실한지 분석하는 요소
성 장 성	재무적으로 얼마나 많이 커지고 있는지 판단하는 요소

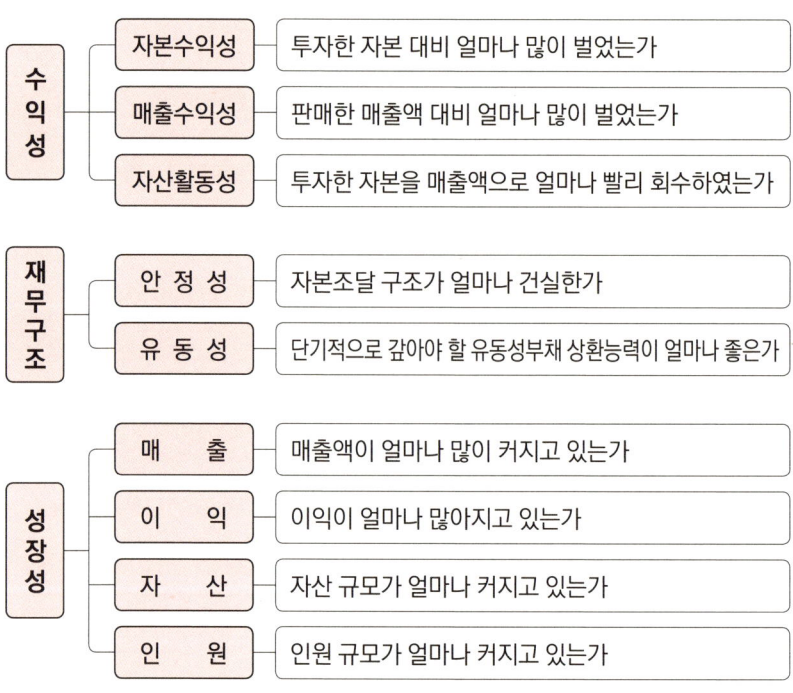

- 수익성
  - 자본수익성 — 투자한 자본 대비 얼마나 많이 벌었는가
  - 매출수익성 — 판매한 매출액 대비 얼마나 많이 벌었는가
  - 자산활동성 — 투자한 자본을 매출액으로 얼마나 빨리 회수하였는가

- 재무구조
  - 안정성 — 자본조달 구조가 얼마나 건실한가
  - 유동성 — 단기적으로 갚아야 할 유동성부채 상환능력이 얼마나 좋은가

- 성장성
  - 매 출 — 매출액이 얼마나 많이 커지고 있는가
  - 이 익 — 이익이 얼마나 많아지고 있는가
  - 자 산 — 자산 규모가 얼마나 커지고 있는가
  - 인 원 — 인원 규모가 얼마나 커지고 있는가

2. 재무제표 분석 시 알아야 할 용어

아래 표에서와 같이 재무제표상 항목 명칭은 기업회계기준으로 정해져 있다(표 오른쪽). 반면 재무제표 분석을 위한 재무지표는 재무제표 항목 용어가 아니라 경영관리상 용어이다(표 왼쪽).

따라서 재무분석 지표가 재무제표의 어느 항목인지 알려면 필히 용어를 알아야 한다.

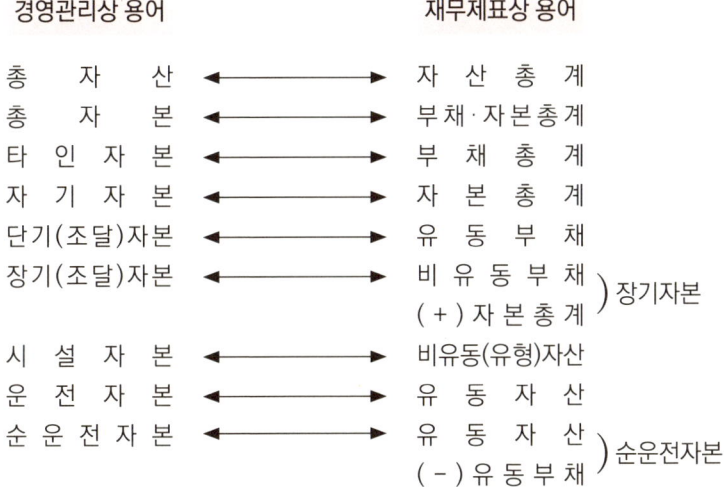

02 수익성 분석

1. 자본수익성

투자한 자본 대비 얼마나 이익을 남겼느냐의 판단 지표이며 가장 궁극적인 수익성 지표이다.

1) 지표

자본수익성은 손익계산서 이익과 재무상태표 자본을 대비하여 자본이익률이라는 백분율로 산정한다.

$$자본이익률 = \frac{이익}{자본} \times 100$$

2) 자본이익률 분해

자본이익률은 매출이익률과 자본회전율 결합 결과로 나타나므로 매출이익률 크기와 자본회전율 크기에 의하여 결정된다.

$$\underbrace{\frac{이익}{자본}}_{(자본이익률)} = \underbrace{\frac{이익}{매출}}_{(매출이익률)} \times \underbrace{\frac{매출}{자본}}_{(자본회전율)}$$

즉 자본이익률은 매출이익률이라는 마진폭과 자본회전율이라는 물량 규모에 의하여 결정된다.

자본수익성은 어떤 자본과 어떤 이익을 대비하느냐에 따라 다음과 같이 여러 지표로 판단한다.

3) 자본이익률 종류

(1) 총자본순이익률(ROI, Return on investment)

전체 조달자본(자기자본＋타인자본) 대비 얼마나 벌었는지 알 수 있는 지표로 높을수록 양호하다(↑).

$$총자본순이익률 = \frac{당기순이익}{총자본} \times 100$$

예) 당기순이익 3,000원, 총자본 35,000원이라면 총자본순이익률은?

$$총자본순이익률 \rightarrow \frac{3,000}{35,000} \times 100 = 8.6\%$$

(2) 총자산순이익률(ROA, Return on assets)

전체 운용 자산 대비 얼마나 벌었는지 알 수 있는 지표로 높을수록 양호하다(↑).

총자산순이익률 지표는 총자본순이익률과 결과치는 같지만 총자산순이익률이 총보유자산 대비 이익률로써 얼마나 자산운용을 잘했는가를 나타내는 반면, 총자본순이익률은 총조달자본 대비 이익률로써 기회비용인 이자율과 대비하여 판단하는 개념이다.

$$총자산순이익률 = \frac{당기순이익}{총자산} \times 100$$

예) 당기순이익 3,000원, 총자산 35,000원이라면 총자산순이익률은?

$$\text{총자산순이익률} \rightarrow \frac{3,000}{35,000} \times 100 = 8.6\%$$

(3) 자기자본순이익률(ROE, Return on equity)

순수한 주주조달자본 대비 얼마나 벌었는지 알 수 있는 지표로 높을수록 양호하다(↑).

$$\text{자기자본순이익률} = \frac{\text{당기순이익}}{\text{자 기 자 본}} \times 100$$

예) 당기순이익 3,000원, 자기자본 14,000원이라면 자기자본순이익률은?

$$\text{자기자본순이익률} \rightarrow \frac{3,000}{14,000} \times 100 = 21.4\%$$

4) 자본수익성이 나빠지는 원인

① 투자금액 과다
② 시설투자 과다
③ 재고자산 과다 보유
④ 매출채권 회수 지연
⑤ 매출부진에 따른 이익 저조
⑥ 원가상승에 따른 이익 저조

5) 자본수익성 개선방안

① 시설투자 등 투자금액 축소
② 재고자산회전율, 매출채권회전율 제고
③ 매출증대와 원가절감에 의한 이익 증대

2. 매출수익성

판매한 매출금액 대비 이익으로 얼마나 벌었는지 판단하는 지표이다.

매출이익률은 매출액 대비 구분이익별 이익률이 얼마나 되는지 판단하는 지표이다.

1) 지표

매출수익성은 손익계산서 매출액과 각 구분이익과의 비율로 매출이익률의 백분율 지표로 산정한다.

$$매출이익률 = \frac{이익}{매출액} \times 100$$

2) 매출이익률 종류

(1) 매출액총이익률

매출액에서 매출원가를 차감한 매출총이익을 얼마나 벌었는지 알 수 있는 지표로 매출원가의 효율도를 판단하는 지표이며 높을수록 양호하다 (↑).

$$매출액총이익률 = \frac{매출총이익}{매출액} \times 100$$

예) 매출총이익 20,000원, 매출액 50,000원이라면 매출액총이익률은?

$$매출액총이익률 \rightarrow \frac{20,000}{50,000} \times 100 = 40.0\%$$

(2) 매출액영업이익률

매출액에서 주된 영업활동비용인 '매출원가＋판매관리비'를 차감한 영업이익으로 얼마나 벌었는지 알 수 있는 지표이며 주된 영업활동 수익성 또는 사업 본연의 수익성을 판단하는 지표로 높을수록 양호(↑)하며 **가장 중요한 지표**이다.

$$\text{매출액영업이익률} = \frac{\text{영업이익}}{\text{매출액}} \times 100$$

예) 영업이익 8,000원, 매출액 50,000원이라면 매출액영업이익률은?

$$\text{매출액영업이익률} \rightarrow \frac{8,000}{50,000} \times 100 = 16.0\%$$

(3) 매출액세전이익률

매출액에서 영업활동비용뿐 아니라 주된 영업활동 이외 비용까지 차감한 세전이익으로 얼마나 벌었는지 알 수 있는 지표. 높을수록 양호하다(↑).

$$\text{매출액세전이익률} = \frac{\text{세전이익}}{\text{매출액}} \times 100$$

예) 세전이익 5,000원, 매출액 50,000원이라면 매출액세전이익률은?

$$\text{매출액세전이익률} \rightarrow \frac{5,000}{50,000} \times 100 = 10.0\%$$

(4) 매출액순이익률

매출액에서 법인세비용까지 모든 비용을 차감한 당기순이익으로 얼마나 벌었는지 알 수 있는 지표로 높을수록 양호하다(↑).

$$매출액순이익률 = \frac{당기순이익}{매출액} \times 100$$

3) 매출수익성이 저조한 원인
① 매출부진에 따른 고정비 부담 증가
② 매출원가 · 판매관리비 등 영업활동 원가상승
③ 영업외활동 원가상승

4) 매출수익성 개선방안
① 매출증가에 따른 고정비 조기 회수
② 원가절감에 따른 매출이익률 제고

3. 자산활동성 분석

투자한 자산을 매출액으로 얼마나 빨리 회수하였는지 판단하는 지표이며 각 자산 보유금액을 매출액이라는 물량규모와 대비함으로써 자산회전율이 낮으면 해당자산을 너무 많이 보유하고 있다는 의미이다.

1) 지표
자산활동성은 재무상태표상 각 자산과 매출액 비율인 자산회전율 지표인데 자산회전율은 백분율(%)이 아니라 몇 (회)로 산정한다.

$$자산회전율 = \frac{매출액}{자산}$$

2) 자산회전율 종류

(1) 총자산회전율

운용 중인 전체 자산금액 대비 매출액으로 얼마나 많이 회수되었는지 알 수 있는 지표로 높을수록 좋다(↑).

$$총자산회전율(회) = \frac{매출액}{총자산}$$

예) 매출액 50,000원, 총자산 35,000원이라면 총자산회전율은?

$$총자산회전율 \rightarrow \frac{50,000}{35,000} = 1.43회$$

(2) 매출채권회전율

매출채권잔액 대비 매출액의 비율이며 매출채권이 얼마나 빨리 회수되는지 알 수 있는 지표이며 높을수록 매출채권이 빨리 회수되고 있음을 의미하므로 좋다(↑).

$$매출채권회전율(회) = \frac{매출액}{매출채권}$$

예) 매출액 50,000원, 매출채권 10,000원이라면 매출채권회전율은?

$$매출채권회전율 \rightarrow \frac{50,000}{10,000} = 5.0회$$

그리고 매출채권회전일수(매출채권 회전기간)는 매출채권이 회수되는 기간이며 낮을수록(짧을수록) 좋다(↓).

$$\text{매출채권회전일수(일)} = \frac{\text{매출채권}}{\text{매출액}} \times 365\text{일}$$

예) 매출채권잔액 10,000원, 연간 매출액 50,000원이라면 매출채권회전일수는?

$$\text{매출채권회전일수} \rightarrow \frac{10,000}{50,000} \times 365\text{일} = 73\text{일}$$

(3) 재고자산회전율

재고자산과 매출액의 비율이며 재고자산이 얼마나 빨리 판매되는지 알 수 있는 지표이며 높을수록 재고자산이 빨리 판매됨을 의미하므로 좋다 (↑).

$$\text{재고자산회전율(회)} = \frac{\text{매출액}}{\text{재고자산}}$$

예) 매출액 50,000원, 재고자산 6,000원이라면 재고자산회전율은?

$$\text{재고자산회전율} \rightarrow \frac{50,000}{6,000} = 8.33\text{회}$$

그리고 재고자산회전일수(재고자산 회전기간)는 재고자산이 판매되는 기간이며 낮을수록(짧을수록) 빨리 판매됨을 의미하므로 좋다(↓).

$$\text{재고자산회전일수(일)} = \frac{\text{재고자산}}{\text{매출액}} \times 365\text{일}$$

예) 재고자산 6,000원, 매출액 50,000원이라면 재고자산회전일수는?

재고자산회전일수 → $\dfrac{6,000}{50,000} \times 365일 = 44일$

3) 자산활동성이 나빠지는 원인
① 시설투자 등 투자금액 과다
② 재고자산 회수 부진
③ 매출채권 회수 지연
④ 매출부진에 따른 투자자금 회수 부진

4) 자산활동성 개선방안
① 시설투자 규모 축소
② 재고자산, 매출채권 회수 증대
③ 매출증대로 투자자금 조기 회수

03 재무구조 분석

1. 재무구조 안정성

자기자본(자본)과 타인자본(부채) 구성비에 의하여 자본조달 구조가 얼마나 건실한지 판단하는 지표이다. 물론 자기자본 비중이 높을수록 재무구조가 건실하다고 판단한다. 자기자본은 상환 의무가 없지만 타인자본은 상환해야 하기 때문이다.

1) 지표

재무상태표상 타인자본(부채)이 자기자본(자본)의 몇 배인가의 부채성비율로 산정한다.

$$부채성비율 = \frac{부채}{자본} \times 100$$

2) 안정성비율 종류

(1) 부채비율

전체 타인자본이 자기자본의 몇 배이냐의 비율로 높을수록 부채 상환부담이 많음을 의미하므로 낮을수록 좋다(↓).

$$\text{부채비율} = \frac{\text{타인자본(부채)}}{\text{자기자본(자본)}} \times 100$$

예) 타인자본 22,500원, 자기자본 15,400원이라면 부채비율은?

$$\text{부채비율} \rightarrow \frac{22,500}{15,400} \times 100 = 146.1\%$$

(2) 차입금비율

원금 상환뿐 아니라 이자비용까지 지급되는 차입금이 자기자본의 몇 배이냐의 비율로 낮을수록 좋다(↓).

$$\text{차입금비율} = \frac{\text{차 입 금}}{\text{자 기 자 본}} \times 100$$

예) 차입금 12,500원, 자기자본 15,400원이라면 차입금비율은?

$$\text{차입금비율} \rightarrow \frac{12,500}{15,400} \times 100 = 81.2\%$$

(3) 이자보상비율

영업이익으로 이자비용 갚을 능력이 얼마나 되는지 판단하는 지표로 높을수록 좋다(↑).

만약 이 비율이 100% 이하라면 영업으로 벌어들인 이익으로 이자도 못 갚는 소위 '좀비기업'이라는 의미이다.

$$\text{이자보상비율} = \frac{\text{영 업 이 익}}{\text{이 자 비 용}} \times 100$$

예) 영업이익 8,000원, 이자비용 2,500원이라면 이자보상비율은?

$$\text{이자보상비율} \rightarrow \frac{8,000}{2,500} \times 100 = 320.0\%$$

3) 재무구조 안정성이 나쁜 이유
① 자산과다 보유로 부채증가
② 매출부진에 따른 이익 저조
③ 비용지출 과다에 의한 부채증가

4) 재무구조 안정성 개선방안
① 투자지출 규모 축소
② 재고자산회전율, 매출채권회전율 증대
③ 원가절감으로 부채증가 억제

2. 재무구조 유동성

상환해야 할 채무 중 1년 이내의 짧은 기간에 상환해야 하는 유동부채의 상환 능력, 즉 유동성을 판단하는 지표이다.

1) 지표

재무상태표상의 1년 이내 상환하는 유동부채 대비 1년 이내 현금회수 가능한 유동자산이 몇 배인가의 유동성비율로 산정한다.

$$\text{유동성비율} = \frac{\text{유동자산}}{\text{유동부채}} \times 100$$

2) 유동성비율 종류

(1) 유동비율

1년 이내 갚아야 할 유동부채보다 1년 이내 현금화되는 유동자산금액이 몇 배이냐의 지표로 높을수록 좋다(↑).

$$유동비율 = \frac{유동자산}{유동부채} \times 100$$

예) 유동자산 21,500원, 유동부채 14,000원이라면 유동비율은?

$$유동비율 \rightarrow \frac{21,500}{14,000} \times 100 = 153.6\%$$

(2) 당좌비율

유동자산 중 현금화가 늦은 재고자산을 제외한 현금화가 빠른 당좌자산이 유동부채의 몇 배인가의 지표로 높을수록 좋다(↑).

$$당좌비율 = \frac{당좌자산}{유동부채} \times 100$$

예) 당좌자산 14,500원, 유동부채 14,000원이라면 당좌비율은?

$$당좌비율 \rightarrow \frac{14,500}{14,000} \times 100 = 103.6\%$$

(3) 현금비율

유동자산 중 즉시 지급수단으로 사용할 수 있는 현금및현금성자산이 유동부채의 몇 배인가의 지표로 높을수록 좋다(↑).

$$\text{현금비율} = \frac{\text{현금및현금성자산}}{\text{유동부채}} \times 100$$

예) 현금및현금성자산 2,000원, 유동부채 14,000원이라면 현금비율은?

$$\text{현금비율} \rightarrow \frac{2,000}{14,000} \times 100 = 14.3\%$$

3) 재무구조 유동성이 나쁜 이유

① 재고자산, 매출채권 회수 지연에 따른 현금자산 부족
② 원가상승에 따른 유동부채 증가
③ 매출부진에 따른 유동부채 증가

4) 재무구조 유동성 개선방안

① 매출증대와 원가절감으로 유동부채 증가 억제
② 재고자산, 매출채권회전율 제고에 의한 현금자산 증대

04 성장성 분석

1. 양적 성장성

재무요소 규모가 얼마나 많이 증가하느냐로 성장성을 판단한다.

1) 지표

성장성 지표는 전년 대비 증가율로 판단한다. 증가율이 높을수록 재무내용이 양호하다고 판단한다.

$$증가율 = \frac{당년 - 전년}{전년} \times 100$$

2) 성장성 종류

(1) 매출증가율

$$매출증가율 = \frac{당년\ 매출액 - 전년\ 매출액}{전년\ 매출액} \times 100$$

(2) 영업이익증가율

$$영업이익증가율 = \frac{당년\ 영업이익 - 전년\ 영업이익}{전년\ 영업이익} \times 100$$

(3) 당기순이익증가율

$$당기순이익증가율 = \frac{당기순이익 - 전기순이익}{전기순이익} \times 100$$

(4) 자산증가율

$$자산증가율 = \frac{당년 총자산 - 전년 총자산}{전년 총자산} \times 100$$

(5) 인원증가율

$$인원증가율 = \frac{당년 인원수 - 전년 인원수}{전년 인원수} \times 100$$

2. 질적 성장성

각 재무요소 증가율이 높으면 높을수록 양호하지만 균형적인 기업성장을 이루기 위해서는 각 증가율 크기를 상대 비교하여 판단한다.

1) 균형적 성장

(1) 인원증가율보다 자산증가율이 높을수록 좋다.

인원증가율 < 자산증가율

→ 노동생산성보다 자본생산성이 높기 때문이다.

(2) 자산증가율보다 매출증가율이 높을수록 좋다.

자산증가율 < 매출증가율

→ 자산회전율이 높아져 자산 효율도가 높아진다.

(3) 매출증가율보다 이익증가율이 높을수록 좋다.

매출증가율 〈 영업이익증가율 〈 당기순이익증가율

→ 매출액에 대한 이익률이 높아진다.

05 기업가치 분석

1. 장부가치(BV, Book value)

재무제표에 내재되어 있는 내재가치로 수익가치는 손익계산서상 당기순이익의 크기로, 순자산가치는 재무상태상 주주 순자산인 자본총계 크기로 판단한다.

1) 지표

당기순이익과 자본총계를 보통주 발행주식수로 나눈 1주당 이익과 1주당 순자산으로 나타낸다.

기업가치는 주당이익과 주당순자산에 시장배수를 곱하여 산정한다.

2) 장부가치 지표의 내용

(1) 주당이익(EPS, Earning per share)

기업이 1년간 창출한 전체 당기순이익을 주주에게 발행한 주식수로 나눔으로써 주주 1주당 수익성을 의미하며 보통주 기준으로 주당이익을 산정한다.

$$\text{주당이익(EPS)} = \frac{\text{보통주귀속당기순이익}}{\text{가중평균유통보통주식수(자기주식 제외)}}$$

예) 당기순이익 1,000,000원이고 발행주식수 2,000주이면 주당이익은?

$$\text{주당이익(EPS)} : \frac{1,000,000원}{2,000주} = 500원$$

(2) 주당순자산(BPS, Book value per share)

기말 현재 기업이 보유하고 있는 전체 주주순자산인 자본총계를 발행주식수로 나누어 주주 1주당 보유순자산 크기를 판단한다.

$$\text{주당순자산(BPS)} : \frac{\text{자본총계}}{\text{기말보통주식수(자기주식 포함)}}$$

예) 자본총계 6,000,000원, 발행주식수 2,400주이면 주당순자산은?

$$\text{주당순자산(BPS)} : \frac{6,000,000원}{2,400주} = 2,500원$$

2. 시장가치(MV, Market Value)

시장가치란 증권시장에서 거래되는 가격인 주가이며 장부가치와 시장가치(주가)의 상대비교 지표인 시장배수(MM, Market multiple)를 활용하여 기업가치를 평가한다.

시장배수에 의한 기업가치는 주가를 장부가치인 주당이익(EPS)과 주당순자산(BPS)으로 나누어 시장배수(PER/PBR)를 산정하고 이 시장배수를 추정 EPS와 추정 BPS에 곱하여 산정한다.

1) 주가이익배수(PER, Price earning ratio)

주가이익배수는 주가를 주당이익(EPS)으로 나눈 비율로 일정시점의 주가(기업가치)가 주당이익의 몇 배인지 나타낸다. PER의 의미는 기업에서 버는 이익 1단위에 대하여 얼마의 대가를 지불하는가이며 PER이 높다는 것은 이익의 질적 측면이 높다는 의미이지만 투자 시에는 이익에 비해 주가가 높게 평가되었다고 판단하기 때문에 PER이 낮은 저低PER 주는 매수종목으로 고高PER 주는 매도종목으로 판단한다.

PER에 EPS를 곱하면 주가(기업가치)가 된다.

- 주당이익배수(PER) : $\dfrac{주가(P)}{주당이익(EPS)}$
- 기업가치(주가) = EPS × PER

2) 주가순자산배수(PBR, Price book value ratio)

주가를 주당순자산(BPS)으로 나눈 비율로 일정시점의 주가(기업가치)와 주당순자산과의 상대비율이다. PBR은 현재 순자산가치 대비 주가가 몇 배인지 나타내는데 주가에는 미래초과이익의 현재가치가 반영되므로 미래초과이익 크기에 의하여 기업가치가 결정된다는 의미이다.

PBR에 EPS를 곱하면 주가(기업가치)가 된다.

- 주가순자산배수(PBR) : $\dfrac{주가(P)}{주당순자산(BPS)}$
- 기업가치(주가) = EPS × PBR

PBR도 PER과 마찬가지로 저低PBR주는 매수종목으로 고高PBR주는 매도종목으로 판단한다.

3) 주가현금흐름배수(PCR, Price cash flow ratio)

주가현금흐름배수는 주가를 주당현금흐름으로 나눈 비율로 일정시점의 주가(기업가치)가 주당현금흐름 대비 몇 배인지 나타낸다.

- 주가현금흐름배수(PCR) : $\dfrac{주가(P)}{주당현금흐름}$

4) 주가매출배수(PSR, Price sales ratio)

주가매출배수는 주가를 주당매출액으로 나눈 비율로 일정시점의 주가(기업가치)가 주당매출액 대비 몇 배인지 나타낸다.

$$\text{주가매출배수(PSR)} : \frac{\text{주가 (P)}}{\text{주당매출}}$$

이 경우 시장배수인 PER과 PBR은 업종평균이나 유사기업의 지표를 산정하여 기업가치를 평가하는 기업의 추정 EPS와 추정 BPS에 곱하여 판단한다.

5) 주가꿈비율(PDR, Price dream ratio)

$$\text{주가꿈비율(PDR)} : \frac{\text{시가총액(주가)}}{\text{총시장규모(TAM)} \times \text{시장점유율}}$$

주가꿈비율은 시가총액을 해당 기업이 속한 산업 전체 시장규모와 해당 기업의 예상 시장점유율을 곱한 금액으로 나눈 비율이다. PDR 지표는 PSR과 유사하지만 PSR은 단기매출액을 사용하기 때문에 미래 성장성이 기대되는 주가지표로는 한계가 있으나 PDR은 미래매출액을 반영한다는 의미가 있다.

〈주요국 주가지수 PER 비교〉

국가	주가지수	PER	PBR	국가	주가지수	PER	PBR
한국	KOSPI	14.42	1.16	중국	상하이종합	13.45	1.47
미국	S&P500	22.65	3.78	인도	센섹스	29.53	3.47
영국	FTSE100	15.12	1.59	대만	자취안	17.44	2.19
일본	닛케이225	24.20	2.03				

(주) 2021년 실적 추정치 기준이며 주가는 2021년 1월 6일 기준. 자료 : 블룸버그

그러나 PDR은 미래의 전체 시장규모와 시장점유율 추정이 어렵다는 한계도 있다.

3. 시장배수에 의한 기업가치 평가예시

시장배수평가모형 예시로 동종업종 내 경쟁사의 시장배수를 반영하여 적정주가를 산정할 수 있다.

A와 B사는 동종업종 내 경쟁회사이며 A와 B사의 EPS와 BPS 예상치와 현재 주가는 다음과 같다.

구분	A사	B사
예상 EPS	7,530원	12,820원
예상 BPS	32,025원	62,535원
현재 주가	198,000원	424,000원

양사의 현재 주가로 PER과 PBR을 산출하면 다음과 같다.

구분	A사	B사
주가	198,000원	424,000원
PER	26.29배(198,000/7,530)	33.07배(424,000/12,820)
PBR	6.18배(198,000/32,025)	6.78배(424,000/62,535)

(1) B사의 PBR이 적정하다고 전제할 때 A사의 적정주가는 얼마인가?

구분	PBR 기준
A사의 기업가치(주가)	217,130원(32,025원 × 6.78배)

(2) A사의 PER이 적정하다고 전제할 때 B사의 적정주가는 얼마인가?

구분	PER 기준
B사의 기업가치(주가)	337,038원(12,820원 × 26.29배)

이와 같이 동종업종 내 경쟁사의 주가를 기준으로 시장배수(PER, PBR)를 산출하고 상대비교하여 적정주가를 산정할 수 있다.

재무제표분석으로
알짜종목투자하기

제 4 장

재테크를 위한
화폐가치와 세금

01 화폐의 시간적 가치

1. 지금 돈이 좋은가, 나중 돈이 좋은가

'만약 지금 현재 10만원과 1년 후의 10만원 중 어느 쪽을 선택할 것인가'라고 물으면 모두 현재 10만원을 선호할 것이다. 이것은 현재 10만원이 1년 후 10만원보다 가치가 더 높다고 판단하기 때문이다.
그러면 왜 현재 금액의 가치가 나중 금액보다 더 높은가.

1) 지금 돈이 더 좋은 세 가지 이유

① 지금 돈에 1년간 이자가 붙는다. 이자율이 연 10%라면 지금 돈 10만원은 1년 후 11만원이 되기 때문이다.
② 인플레이션에 의한 실물가격 상승, 즉 물건 값이 올라가기 때문이다.
예를 들어, 현재 10만원으로 과자를 사먹는다고 할 때 1천원짜리 과자 100개를 사먹을 수 있다(100,000원 ÷ 1,000원 = 100개). 1년 후 과자값이 5% 올라 1,050원이 된다면 95개밖에 살 수 없게 된다(100,000원 ÷ 1,050원 = 95.23개). 인플레이션에 의한 실물가격 상승으로 화폐의 구매력이 낮아지기 때문에 지금 돈의 가치가 더 높다.
③ 현재의 10만원은 지금 내가 확실하게 보유하고 있다. 1년 후 10만원이 내 손에 들어오면 아무런 문제가 없지만 혹시 보유하지 못하게 될 위험이 있다. 즉 미래는 불확실성 위험이 존재하기 때문에 현재 돈의 가치가 더 높다.

예를 들어, 초등학교 학생에게 "1년 후 너에게 10만원 줄게"라고 말한다면… 이 학생은 무어라고 답하겠는가? 분명히 이렇게 답할 것이다.

"뻥까지 마세요! 지금 10만원 줘요!"

이처럼 인간은 본능적으로 미래 불확실성에 대한 위험을 갖고 있다.

2. 미래가치와 현재가치

1) 미래가치(FV, Future value)

미래가치는 현재의 일정금액이 일정기간 경과 후 미래에 얼마의 금액이 되는가인데 현재가치가 미래가치보다 높기 때문에 미래가치금액은 현재가치금액보다 금액적으로 일정률(통상 이자율)만큼 크다.

2) 현재가치(PV, Present value)

현재가치는 미래의 일정금액이 현재 기준으로 얼마의 금액이 되는가이며 현재가치금액은 미래금액보다 금액적으로 일정률(이자율)만큼 작다.

3) 현재가치와 미래가치의 차이

당신이 오늘 A에게 10만원을 빌려주고 1년 후 11만원을 받는다면 빌려준 원금 10만원보다 1만원을 더 받게 되며 비율로는 원금의 10%이다. 이 경우 현재 10만원과 1년 후 11만원의 가치가 같다는 의미이다.

그럼 차이 10% 의미, 즉 1년 후 1만원(10%)을 더 받는 이유는 무엇인가?

① 이자율 : 현재 화폐표시금액은 10만원이지만 미래 인플레이션에 의한 실물가치 상승으로 화폐의 실질구매력이 낮아지므로 화폐가치 하락에 대한 보상으로 이자율의 의미를 갖는다. 즉 이자율을 연 10%로 전제하면 현재 금액 10만원은 1년 후 11만원이 된다는 의미이다.

② 위험보상률 : 오늘 빌려준 10만원을 1년 후 못 받을 가능성, 즉 대손가능성 등 불확실성이 있으므로 이에 대한 위험보상률의 의미를 갖는다.

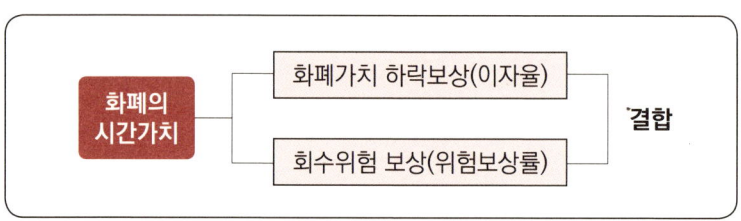

4) 이자율과 위험보상률 예시

(1) 이자는 복리로 계산한다

이자 계산에는 단리와 복리가 있다. 단리는 원금에 매년 일정한 이자가 붙는 것이며 복리는 매년 원금 이외에 이자에 이자가 붙는 방식이다.

예를 들면 지금 1만원을 연 5%로 예금한다고 할 때

- 단리 계산은 1년 후든, 2년 후든 … 5년 후든 매년 500원(10,000 × 5% = 500원)씩 이자가 붙는다.
- 반면 복리 계산은 1년 후에는 500원(10,000 × 5% = 500원), 2년 후에는 525원(10,500 × 5% = 525원)의 이자가 붙는데 원금 10,000원의 5%인 500원과 1년 이자 500원의 5%인 25원이 붙기 때문이다.

3년 후에는 551.25원의 이자가 붙는다. 즉 원금 10,000원에 대한 5% 이자 500원과 2년치 이자 525원에 대한 5% 이자 26.25원을 합하여 551.25원

(525원＋26.25원＝551.25)이 된다.

일상생활에서 재무적 계산은 모두 복리이자로 계산한다.

(2) 복리이자의 위력

복리이자가 얼마나 무서운지 맨해튼 섬 이야기로 알 수 있다. 17세기 뉴욕 맨해튼 섬은 원주민인 인디언 소유였다. 그런데 영국에서 건너온 청교도들에게 24달러에 섬을 팔았는데 당초 계약자는 술 취한 상태여서 술을 깬 후 몹시 후회했다고 한다.

만약 이 돈으로 연 8% 복리 투자했다면 360여 년이 지난 1990년 기준으로 30조 달러 정도 되는 반면, 맨해튼 전체 땅 값은 600억 달러 정도였다. 이러한 사실만 봐도 복리이자의 위력이 얼마나 큰지 알 수 있다. 복리이자와 실물자산 가치 상승은 비교조차 할 수 없다.

(3) 위험보상 예시

은행 등 금융기관이 기업 또는 개인에게 대출할 때 우량기업과 부실기업, 우량고객과 불량고객의 이자율이 서로 다르다.

예를 들어 A은행이 우량기업에 연 5%로 대출해 주고, 부실기업에는 연 8%(5%＋3%＝8%)로 3%P 높게 대출해 준다고 가정하자.

우량기업과 부실기업에 대출하는 자체는 어느 기업이든 차별 없이 동일하므로 이자율 5%는 화폐가치 하락에 대한 보상으로 우량기업이나 부실기업이나 같지만, 부실기업은 재무적으로 취약하므로 회수불확실성 즉 대손가능성이 있기 때문에 위험에 대한 대가로 3%P를 더 받는 것이다.

개인의 경우에도 개인의 신용등급에 따라 이자율이 다른 것도 동일한 이치이다.

3. 미래가치와 현재가치 계산

1) 미래가치 계산

현재금액을 미래금액으로 계산할 때 미래금액은 현재금액에 매년 복리로 계산한 이자를 더하여 아래와 같이 계산한다.

예시) 현재금액 10,000원, 연 이자율 10%일 때

① 1년 후 금액은 어떻게 계산하는가
→ 1년 후 금액은 현재금액과 현재금액의 1년치 이자를 더하여 다음과 같이 계산한다.

1년 후 금액 = 10,000원 (현재금액) + 1,000원(10,000×10%) (현재금액에 대한 1년치 이자) = 11,000원

② 2년 후 금액은 어떻게 계산하는가
→ 2년 후 금액은 이자에 이자가 붙는 복리로 계산하므로 1년 후 금액과 1년 후 금액의 1년치 이자를 더하여 계산한다.

2년 후 금액 = 11,000원 (1년 후 금액) + 1,100원(11,000×10%) (1년 후 금액의 1년치 이자) = 12,100원

③ 3년 후 금액은 어떻게 계산하는가
→ 마찬가지로 3년 후 금액은 2년 후 금액과 2년 후 금액의 1년치 이자를 더하여 계산한다.

3년 후 금액 = 12,100원 (2년 후 금액) + 1,210원(12,100×10%) (2년 후 금액의 1년치 이자) = 13,310원

⋮

따라서 10년 후 금액은 다음과 같이 계산한다.

10년 후 금액 = 10,000원 (현재금액) × $(1+0.1)^{10}$ (현재 10,000원의 10년치 복리이자 누적금액) = 25,937원

2) 현재가치 계산

미래금액을 현재금액으로 계산할 때 현재금액은 미래금액에서 매년 복리이자로 계산한 이자를 차감(할인)하여 계산한다.

(예시) 미래금액 10,000원, 연이자율 10%일 때

① 1년 후 금액 10,000원의 현재가치는 어떻게 계산하는가
→ 미래가치 계산은 이자를 더하였지만 현재가치 계산은 미래금액에서 이자를 차감해야 하므로 미래금액에서 이자율로 나누어 다음과 같이 계산한다.
(주) 이자율로 나눈다는 것은 이자금액을 차감한다는 의미임

현재가치 금액 = $\underline{10,000원}$ ÷ $\underline{((1+0.1)^1)}$ = 9,091원
(1년 후 금액)　　(10%의 1년치 이자로 나눔)

② 2년 후 10,000원의 현재가치는 어떻게 계산하는가
→ 2년간의 이자율을 차감하므로 다음과 같이 계산한다.

현재가치 금액 = $\underline{10,000원}$ ÷ $\underline{((1+0.1)^2)}$ = 8,264원
(2년 후 금액)　　(10%의 2년치 이자로 나눔)

⋮

따라서 10년 후 금액 10,000원의 현재가치는 다음과 같이 계산한다.

현재가치 금액 = $\underline{10,000원}$ ÷ $\underline{((1+0.1)^{10})}$ = 3,855원
(10년 후 금액)　　(10%의 10년치 이자로 나눔)

4. 미래금액과 현재금액 계산 예시

1) 현재금액의 미래가치 계산

① 연 이자율 8%일 때 현재금액 50,000원의 3년 후 가치는 얼마인가?

50,000원에 8%를 3번(3년이므로) 곱하여 계산한다.

현재 50,000원의 3년 후 금액 = $\underbrace{50{,}000원}_{(\text{현재 금액})}$ × $\underbrace{(1+0.08)^3}_{(8\%\text{를 3번 곱함})}$ = 62,986원

② 이자율 10%일 때 현재금액 50,000원의 5년 후 가치는 얼마인가?
50,000원에 10%를 5번(5년이므로) 곱하여 계산한다.

현재 50,000원의 5년 후 금액 = $\underbrace{50{,}000원}_{(\text{현재 금액})}$ × $\underbrace{(1+0.1)^5}_{(10\%\text{를 5번 곱함})}$ = 80,526원

2) 미래금액의 현재가치 계산

① 연 이자율 8%일 때 3년 후 50,000원의 현재가치는 얼마인가?
50,000원을 8%로 3번(3년이므로) 나누어 계산한다.

3년 후 50,000원의 현재가치 금액 = $\underbrace{50{,}000원}_{(\text{미래 금액})}$ ÷ $\underbrace{(1+0.08)^3}_{(8\%\text{의 3년치 이자})}$ = 39,692원

② 연 이자율 10%일 때 5년 후 50,000원의 현재가치는 얼마인가?
50,000원을 10%로 5번(5년이므로) 나누어 계산한다.

5년 후 50,000원의 현재가치 금액 = $\underbrace{50{,}000원}_{(\text{미래 금액})}$ ÷ $\underbrace{(1+0.1)^5}_{(10\%\text{의 5년치 이자})}$ = 31,046원

5. 편리하게 계산하는 방법
(미래가치 계수와 현재가치 계수 활용)

1) 미래가치 계수와 현재가치 계수란 어떤 것인가

(1) 미래가치 계수
앞서 본 바와 같이 현재금액의 미래가치 금액을 계산할 때 이자율과 기간

을 대입하여 계산하는 것이 매우 번거롭다. 그래서 현재금액 1원을 기준으로 미리 미래가치 금액을 계산해 놓고 실제 계산할 때는 이자율과 기간의 해당 계수를 현재금액에 곱하면 쉽게 계산할 수 있다. 이 계수가 **미래가치 계수**이다(p.299, 부록 2-1 참조).

(2) 현재가치 계수

미래금액의 현재가치 금액을 계산할 때도 마찬가지로 미래금액 1원을 기준으로 현재가치 금액을 미리 계산해 놓고 미래금액에 이자율과 기간의 해당 계수를 곱하면 쉽게 계산할 수 있다. 이 계수가 **현재가치 계수**이다(p.300, 부록 2-2 참조).

2) 1원 기준의 미래가치와 현재가치 계산 예시

(1) 현재 1원의 미래가치 계수 산정

현재금액 1원을 기준으로 계수를 계산하면 다음과 같다.

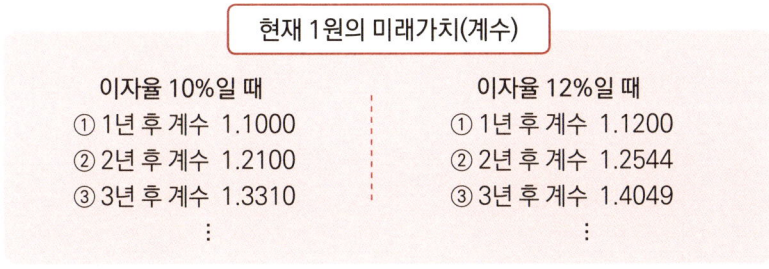

현재 1원의 미래가치(계수)

이자율 10%일 때	이자율 12%일 때
① 1년 후 계수 1.1000	① 1년 후 계수 1.1200
② 2년 후 계수 1.2100	② 2년 후 계수 1.2544
③ 3년 후 계수 1.3310	③ 3년 후 계수 1.4049

(주) 미래가치 계수는 통상 소수점 4단위까지 산출함

이와 같은 방법으로 이자율별, 기간별로 사전에 계수를 산출한 별표가 **미래가치 계수표**이며 현재금액 1원을 기준으로 한 계수이므로 현재금액에 이 계수를 곱하면 간단하게 미래금액을 산출할 수 있다.

예시 현재 10,000원은 이자율 12%일 때 3년 후 금액은 얼마인가?
12%, 3년 후의 미래가치 계수가 1.4049이므로 미래가치 금액은
10,000원 × 1.4049(이자율 12%, 3년 계수) = 14,049원이다.

		미래가치 계수				
이자율	⋯	10%	11%	12%	13%	⋯
1년	⋯	1.1000	1.1100	1.1200	1.1300	⋯
2년	⋯	1.2100	1.2321	1.2544	1.2769	⋯
3년	⋯	1.3310	1.3676	1.4049	1.4489	⋯
4년	⋯	1.4641	1.5180	1.5735	1.6305	⋯
5년	⋯	1.6105	1.6851	1.7623	1.8424	⋯
⋮						

(2) 미래 1원의 현재가치 계수 산정

미래금액 1원을 기준으로 현재가치 금액은 이자율과 연수의 크기에 따라 다음과 같이 결정된다.

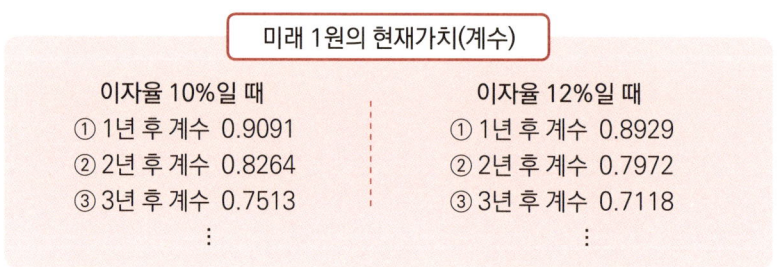

미래 1원의 현재가치(계수)

이자율 10%일 때
① 1년 후 계수 0.9091
② 2년 후 계수 0.8264
③ 3년 후 계수 0.7513
⋮

이자율 12%일 때
① 1년 후 계수 0.8929
② 2년 후 계수 0.7972
③ 3년 후 계수 0.7118
⋮

(주) 현재가치 계수는 통상 소수점 4단위까지 산출함

이와 같이 이자율과 연수별로 계수를 산정한 별표가 **현재가치 계수표**이며 미래 1원당 계수금액이므로 현재가치 금액 산정 시에는 미래금액에 현재가치 계수를 곱하여 산정한다.

예시 이자율 10%일 때 5년 후 100,000원의 현재가치는 얼마인가?
이자율 10%, 5년의 현재가치 계수가 0.6209이므로 현재가치 금액은
100,000 × 0.6209 = 62,090원이 된다.

현재가치 계수						
이자율	···	9%	**10%**	11%	12%	···
1년	···	0.9174	0.9091	0.9009	0.8929	···
2년	···	0.8417	0.8264	0.8116	0.7972	···
3년	···	0.7722	0.7513	0.7312	0.7118	···
4년	···	0.7064	0.6830	0.6587	0.6355	···
5년	···	0.6499	**0.6209**	0.5935	0.5674	···
⋮						

3) 현재가치 계수표에 의한 계산 예시

(1) 매년 현금이 다르게 들어올 경우

이것을 불규칙한 현금흐름이라 한다.

예시 미래 3년간 현금이 다음과 같이 다르게 들어온다면 이자율이 10%라고 할 때 현재가치 금액는 얼마인가?

	들어오는 현금	현재가치계수(10%)		현재가치 금액
1년 후	10,000	× 0.9091	=	9,091
2년 후	15,000	× 0.8264	=	12,396
3년 후	18,000	× 0.7513	=	13,523
계	43,000	–		35,010

즉 3년간 들어오는 현금 총액은 43,000원이지만 이 금액을 오늘 현재 일

시에 받는다면 35,010원이라는 의미이다.

(2) 매년 현금이 똑같이 들어올 경우
이것을 연금의 현금흐름이라 한다.

예시 미래 3년간 다음과 같이 똑같은 현금이 들어올 경우 이자율이 12%라고 할 때 현재가치 금액는 얼마인가?(p.301. 부록 2-3 참조)

	들어오는 현금	현재가치계수(10%)	현재가치 금액
1년 후	12,000	× 0.8929	= 10,715
2년 후	12,000	× 0.7972	= 9,566
3년 후	12,000	× 0.7118	= 8,542
계	36,000	× 2.4019	28,823

즉 3년간 들어오는 현금 총액은 36,000원이지만 오늘 현재 일시에 받는다면 28,823(12,000×2.4019=28,823)원이라는 의미이다.

02 미래가치와 현재가치 활용사례

1. 미래현금흐름 분류
미래현금흐름은 여러 형태로 나타날 수 있다.

1) 단일의 현금흐름
　미래 특정 연도에 한 번 현금이 들어오는 경우. 예를 들어 3년 후 10,000원의 현금이 들어오며 연 이자율이 12%라면 … 들어오는 현금의 현재가치 금액은 7,118원이다.
→ 10,000원×0.7118 = 7,118원

2) 복수의 현금흐름
　미래 여러 연도에 걸쳐 현금이 들어오는 경우

(1) 불규칙한 현금흐름
　여러 번 다른 금액으로 들어오는 경우. 예를 들어 1년 후 10,000원, 2년 후 15,000원, 3년 후 20,000원의 현금이 들어올 때 연 이자율이 10%라면 들어오는 현금의 현재가치는 36,513원이다.
→ (10,000원×0.9091)+(15,000원×0.8264)+(20,000원×0.7513)
　= 36,513원

(2) 연금의 현금흐름
　여러 번 똑같은 현금이 들어오는 경우. 예를 들어 3년간 10,000원씩 동일한 현금이 들어오는데 연 이자율이 10%라면 들어오는 현금의 현재가치는 24,868원이다.

→ (10,000원×0.9091)+(10,000원×0.8264)+(10,000원×0.7513)
= 24,868원 또는 10,000원×2.4868 = 24,868원

(주) 2.4868 = 0.9091 + 0.8264 + 0.7513

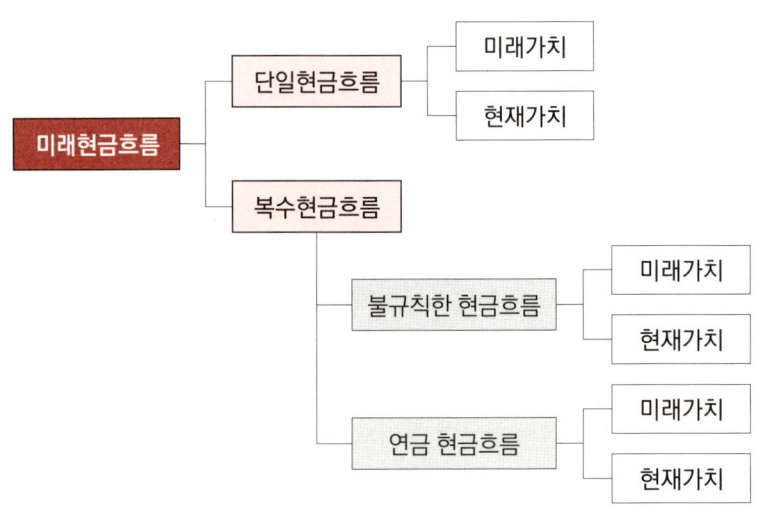

2. 이자율과 화폐가치

재테크하려면 보유재산의 투자가 수반되며 투자 대상으로는 부동산, 주식, 금융상품 등으로 구성되는 포트폴리오가 일반적이다.

재테크를 위한 기본지식으로 '이자율'과 '화폐의 시간가치(미래가치와 현재가치)'에 대해 알아보자.

'이자율'과 '시간가치'는 어느 투자안의 수익률이 가장 높은지 또는 특정한 투자에서 얼마의 이익을 창출할 수 있는지 알려주는 개념이다.

1) 이자율(Interest rate)

지금 10,000원을 빌려주고 1년 후 11,000원을 회수한다면 왜 1,000원을 더 받는가에 대해 생각해 볼 필요가 있다.

① 이것은 원금 10,000원의 화폐가치 하락에 대한 보상으로써의 이자율이다. 이자율에는 단리單利와 복리複利가 있는데 재테크의 판단은 복리를 기준으로 한다.
② 즉 1년 후 10,000원의 회수 불확실성에 대한 대가이다.

2) FV와 PV 활용 예시

① 현재 10,000원을 빌려주고 (또는 투자하고) 최소한 12%의 연수익률을 목표로 한다면 5년 후 얼마를 회수해야 하는지에 대한 계산은 다음과 같다.

$$10{,}000 \times (1 + 0.12)^5 = 17{,}624원$$

즉 5년 후 17,624원 이상 회수해야 한다.

② 3년 후 50,000원의 만기회수되는 금융상품이 있는데 연 15%의 투자수익률을 목표로 한다면 현재 최소한 얼마의 가격으로 매입해야 하는지에 대한 계산은 다음과 같다.

$$50{,}000/(1 + 0.15)^3 = 32{,}875$$

즉 32,875원 이하로 매입하여 투자해야 투자수익률이 연 15%가 된다.

3. 연금의 미래가치와 현재가치

1) 연금(Annuity)의 개념

연금이란 일정기간 매년 일정금액의 현금흐름을 의미한다.

예를 들어, 정기적금을 매년 10만원씩 5년간 불입한다든가 아니면 매년 50만원씩 10년에 걸쳐 현금을 수령하는 등의 연금 형태이다.

2) 연금의 미래가치와 현재가치

(1) 미래가치

매년 말 10,000원씩 3년간 불입하는 정기예금이 있는데 이자율이 10%라면 3년 후 얼마가 되는가의 계산은 어떻게 하는가?

미래가치 계수를 활용하여 계산한다.

① 최초 연도 투자의 10,000원은 2년의 복리이자가 붙으므로
  10,000 × 1.21 = 12,100원
② 2차 연도의 10,000원은 1년의 이자가 붙으므로
  10,000 × 1.1 = 11,000원
③ 3차 연도의 10,000원은 원금 그대로 회수하므로
  10,000 × 1.0 = 10,000원

따라서 3년 후 미래가치는 33,100원(①+②+③)이다.

(2) 현재가치

매년 말 20,000원씩 3년간에 걸쳐 지급받는 금액의 이자율이 12%라면, 현재가치 금액이 얼마인지는 현재가치 계수를 활용하여 계산한다.

① 최초 연도 말 20,000원의 현재가치는
  20,000 × 0.8929 = 17,857원
② 2차 연도 말 20,000원의 현재가치는

20,000×0.7972 = 15,944원

③ 3차 연도 말 20,000원의 현재가치는

20,000×0.7118=14,236원

따라서 현재가치는 48,037원(①+②+③)이다.

03 투자할 것인가, 말 것인가

지금 30,000원을 투자하여 (부동산이든 금융자산이든) 1년 후 11,000원, 2년 후 12,100원, 3년 후 13,310원을 벌 수 있다면 투자할 것인가?

1. 투자 판단기준

1) 어떤 기준으로 의사결정할 것인가

우리가 투자할 것인지 안 할 것인지 판단할 때는
첫째, 투자수익률이 1년에 몇 %인가? → 높을수록 좋다.
둘째, 투자로 인하여 순 버는 돈은 얼마인가? → 클수록 좋다.
셋째, 투자금액을 완전히 회수하려면 기간이 얼마나 걸리는가? → 짧을수록 좋다.
이러한 세 가지 기준이 만족할 만큼 좋다면 투자하게 된다.

2) 투자 경제성 판단 시 고려사항

① 위의 예시에서 투자금액 30,000원은 현재 돈 가치이지만 향후 3년간 버는 돈은 나중 돈이므로 투자금액과 버는 돈의 금액을 단순비교하면 안 되고 돈의 가치를 맞추어서 비교해야 한다.

돈의 가치를 맞출 때 미래가치 금액은 1년 후, 2년 후, 5년 후 등과 같이 여러가지로 많으므로 한 가지밖에 없는 현재가치 금액으로 맞추어 비교해야 한다.

② 위의 예시에서 단순계산하면 투자회수금액(36,410원 = 11,000원 + 12,100원 + 13,310원)이 투자금액(30,000원)보다 6,410원 더 많은 것으로 판단하여 의사결정해서는 안 된다는 의미이다.

2. 투자할 것인가의 판단

1) 투자수익률은 얼마인가

3년간 버는 돈을 현재가치 계수로 곱하여 다음과 같이 계산한다.

① 투자해서 버는 수익률은 연 10%이다.

$$30,000 = 11,000 \times 0.9091 + 12,100 \times 0.8264 + 13,310 \times 0.7513$$

> 연 이자율 10%로 미래의 버는 돈을 현재가치로 계산한 금액이 30,000원이므로 투자수익률은 연 10%가 된다.

② 투자회수되는 금액의 현재가치 금액과 투자지출 금액이 일치하는 이자율이 투자수익률이다. 3년간 버는 돈에 대해 10%의 이자를 주고 나면 본전이므로 이 이자율이 투자수익률이다. 즉 투자수익률(10%)로 이자 10% 주고 나면 본전이라는 의미이다.

2) 투자해서 버는 돈은 얼마인가

① 투자로 버는 돈은 투자회수금액에서 자기가 투자한 금액을 차감해야 하는데 투자회수금액에서 자기가 조달한 자금의 이자를 차감하여 계산한다.

만약 투자금액을 연 8%로 조달했다면 매년 8% 이자를 지급한 후 벌어들인 돈의 현재가치 금액은 8%의 현재가치 계수를 곱하여 계산한다.

$$11{,}000원 \times 0.9259 + 12{,}100원 \times 0.8573 + 13{,}310원 \times 0.7938 = 31{,}123원$$

(1년 후 버는 금액에서 이자 8% 지급)　(2년 후 버는 금액에서 이자 8% 지급)　(3년 후 버는 금액에서 이자 8% 지급)

② 따라서 투자로 순 번 돈은 총 번 돈 현재가치(31,123원)에서 당초 투자금(30,000원)을 차감하여 계산한다.

31,123원(총 번 돈) − 30,000원(투자한 돈) = 1,123원

3) 투자금액 회수기간

1차 연도 10,185원, 2차 연도 10,374원, 3차 연도 10,566원이므로 투자금액 30,000원을 매년 버는 돈으로 잘라나가면 된다.

> 1차 연도　30,000 − 10,185 = 19,815
> 2차 연도　19,815 − 10,374 = 9,441
>
> 3차 연도는 9,441원만 회수하면 되는데 10,566원이 회수되므로 다음과 같이 비율로 계산하여 월수를 산정한다.
>
> 3차 연도, 12개월 × $\dfrac{9{,}441}{10{,}566}$ = 10.7개월(11개월)

즉, 투자회수기간은 2년 11개월이다.

04 알아야 할 세금 관련 지식

1. 일상생활에서 발생하는 세금

"아무리 권력이 막강한 사람도 세금 앞에서는 자유롭지 못하다"라는 말이 있듯이 우리는 일상생활을 영위하면서 다양한 세금을 내고 있다.

- 아침에 일어나 세면 후 옷을 입고 출근할 때 → 치약, 칫솔, 비누, 면도기, 의류 매입 시 부담한 부가가치세
- 승용차로 출근할 때 → 승용차 취득세, 등록세, 개별소비세, 부가가치세
- 연료(휘발유, 경유, 가스, 전기충전)를 넣을 때 → 교통세, 개별소비세, 부가가치세
- 월급 받을 때 → 근로소득세, 지방소득세
- 점심식사할 때 → 부가가치세
- 담배 1개비 피우면 → 담배소비세, 부가가치세
- 고객이나 친구와 술 한잔하면 → 주세, 교육세, 부가가치세
- 아파트로 귀가하면 → 아파트 취득세, 등록세, 재산세, 지역자원시설세, 지방교육세 등등

세금은 국가 또는 지방자치단체가 행정업무를 수행하기 위한 목적으로 법률 규정에 따라 직접적인 보상(반대급부) 없이 강제로 징수한다.

① 국가 또는 지방자치단체가 부과한다.
② 재정지출 충당을 위한 수입 목적이다.
③ 조세 부과요건을 법률로 정한다(조세법률주의).

④ 국방·치안·교육·사회간접자본 등에 지출함으로써 납세자에게 간접적인 보상이 된다.

2. 우리나라에는 어떤 세금이 있는가

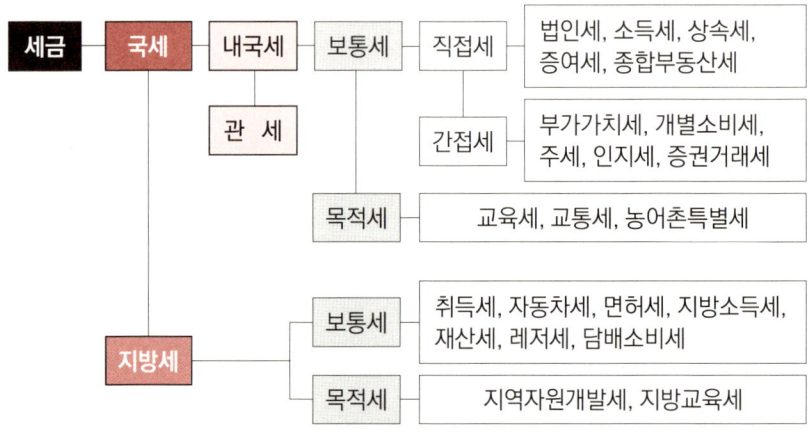

1) 국세와 지방세

① 국세는 대한민국 정부가 과세하는 세금으로 법인세, 소득세, 부가가치세, 종부세, 주세, 교육세 등이다.

② 지방세는 지방자치단체가 과세하는 세금이며 취득세, 재산세, 자동차세 등이 해당된다.

2) 직접세와 간접세

① 신고납부하는 납세의무자와 실제 세금을 부담하는 담세자가 같은 세금을 직접세라고 하며 법인세, 소득세, 상속세, 증여세 등이다.

② 간접세는 납세의무자와 담세자가 다른 세금으로 대표적으로 부가가치세, 개별소비세, 주세 등이다. 간접세는 납세의무자가 판매자이며 소비자가 담세자이다.

3) 보통세와 목적세

① 보통세는 일반 재정지출을 목적으로 부과하는 세금으로 대부분의 세금은 보통세이다.

② 목적세는 특정 목적으로 부과하는 세금으로 교육시설 확충 목적의 교육세, 교통시설 목적의 교통세 등이 목적세로 분류된다.

4) 종가세와 종량세

① 금액을 과세표준으로 과세하는 세금이 종가세이다.

② 수량을 기준으로 과세하는 세금이 종량세이며 주세 중 맥주, 지방세의 자동차세 등이 해당된다.

3. 법인세와 소득세

기업이익에 부과하는 세금은 법인세, 개인이익에 부과하는 세금은 소득세라고 한다.

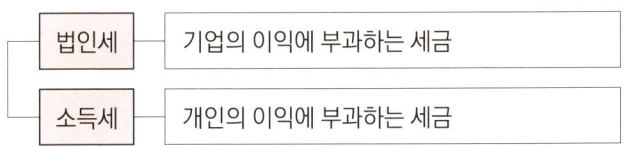

법인소득세는 '소득'이라는 단어를 생략하여 '법인세'라고 하며 개인소득세는 '개인'이라는 단어를 생략하여 '소득세'라고 한다.

법인세와 소득세를 이해하기 위하여 다음과 같은 용어를 알아야 한다.

① 번 돈과 쓴 돈의 용어 비교 : 번 돈과 쓴 돈을 기업회계기준과 법인세법, 소득세법으로 비교하면 다음과 같다.

구 분	기업회계기준	법인세법	소득세법
번 돈	수익	익금	수입금액
(-) 쓴 돈	(-) 비용	(-) 손금	(-) 필요경비
남은 돈	이익 (당기순이익)	소득 (각 사업연도소득)	소득 (소득금액)

② 과세표준 : 세액계산의 기초금액 또는 기초수량

③ 세율 : 법정세율로서 누진세율 적용

→ 누진세율 : 과세표준을 과세 구간별로 나누어 과세표준이 클수록 높은 세율을 적용하는 제도

④ 비과세소득 : 과세 주체가 과세권을 포기한 소득으로 세금이 부과되지 않은 소득

⑤ 소득공제 : 세액을 경감시키기 위해 소득금액을 줄여주는 금액

⑥ 세액감면 : 세액을 경감시키기 위해 일정비율의 세액을 감액 또는 면제해 주는 금액

⑦ 세액공제 : 세액을 경감시키기 위해 산출세액을 줄여주는 금액

⑧ 가산세액 : 조세법 불이행으로 일정율의 세액을 가산하여 납부하는 금액

⑨ 결정세액 : 산출세액에서 공제감면세액을 차감하고 가산세액을 가산한 세액

⑩ 기납부세액 : 이미 납부한 세액으로 신고납부세액 계산 시 결정세액에서 차감하는 세액

1) 법인세 계산

(1) 회계이익과 과세소득 개념 비교

회계이익이란 기업회계기준에 의하여 일정기간 번 돈인 수익에서 수익을 얻기 위해 쓴 돈인 비용을 차감하여 산정한 이익이다.

반면 과세소득은 법인세법상 부담할 법인세 산정의 기초가 되는 이익(소득)으로 익금총액에서 손금총액을 차감하여 산정한다.

(2) 회계이익과 과세소득은 왜 금액이 다른가

① 기업회계기준과 법인세법 목적의 차이 : 기업회계기준은 기간손익의 적정한 산정이 목적인 반면 법인세법은 조세 확보와 조세형평 목적으로 회계 목적이 서로 다르기 때문이다.

② 손익의 귀속시기 차이 : 기업회계기준은 발생주의에 의한 수익비용대응의 원칙이지만 법인세법은 권리의무 확정주의로 손익의 귀속시기가 서로 다른 항목이 있기 때문이다.

③ 이익(소득)의 개념차이 : 기업회계기준은 손익거래와 자본거래를 나누어 손익거래만 이익(소득)으로 보지만 법인세법은 순자산증가 금액으로 소득을 산정하기 때문에 일부 자본거래이익도 포함되어 소득범위가 더 넓다.

④ 조세정책 목적에 의한 차이 : 기업회계기준은 발생주의의 이론적 관점이지만 법인세법은 경제, 사회정책 목적으로 인위적으로 익금, 손금의 범위를 조정하기 때문이다(예 : 접대비 한도초과, 벌과금의 손금불산입).

(3) 회계이익에서 과세소득으로의 조정

법인세법상 과세소득은 별도의 회계시스템으로 산정하는 것이 아니라 기업회계기준상 당기순이익에서 기업회계기준과 법인세법 차이금액(세무조정)만을 조정하여 산정한다.

세무조정 흐름은 다음과 같다.

```
결산상         세무조정        과세소득
당기순이익  ±           =
```

(4) 익금이란

① 의의 : 주주와의 자본거래(출자자의 납입)를 제외한 순자산증가 금액

② 익금산입 : 기업회계상 수익은 아니지만 법인세법상 당기의 익금으로 간주하는 금액으로 수익에 가산하는 금액이므로 과세소득을 증가시킴

③ 익금불산입 : 기업회계상 수익이나 법인세법상 당기 익금이 아닌 금액으로 수익에서 차감하는 금액이므로 과세소득을 감소시킴

④ 익금총액 = I/S상 당기수익 +익금산입 - 익금불산입

(5) 손금이란

① 의의 : 주주와의 자본거래(출자의 환급)를 제외한 순자산감소 금액

② 손금산입 : 기업회계상 비용은 아니지만 법인세법상 당기의 손금으로 간주하는 금액으로 비용에 가산하는 금액이므로 과세소득을 감소시킴

③ 손금불산입 : 기업회계상 비용이나 법인세법상 당기 손금이 아닌 금액으로 비용에서 차감하는 금액이므로 과세소득을 증가시킴

④ 손금총액 = I/S상 당기비용 +손금산입 - 손금불산입

(6) 당기순이익에서 각 사업연도소득 계산방법

각 사업연도소득의 계산은 아래 ① 방법과 ② 방법으로 계산할 수 있으나 실무적으로는 ② 방법으로 산정하는 것이 일반적이다.

① 각 사업연도소득산정(Ⅰ) :

익금총액 - 손금총액 = 각 사업연도소득

② 각 사업연도소득산정(Ⅱ) :

당기순이익 + (익금산입/손금불산입) - (손금산입/익금불산입) = 각 사업연도소득

(7) 세무조정에 의한 과세소득 계산

세무조정이란 법인세를 산정하기 위해서 I/S상 당기순이익을 법인세법상 과세표준금액으로 바꾸는 과정으로 아래의 2단계로 나누어 산정한다.

① 첫 단계 세무조정

→ 익금/손금을 차가감하여 각 사업연도소득을 계산한다.

세무조정 첫 단계로 I/S상 당기순이익에서 과세소득을 증가시키는 '익금산입/손불금산입'은 가산하고 과세소득을 감소시키는 '손금산입/익금불산입'은 차감하여 각 사업연도소득을 산정하는 과정이다.

각 사업연도소득은 회계이익에서 익금과 손금을 조정하여 다음과 같이 계산한다.

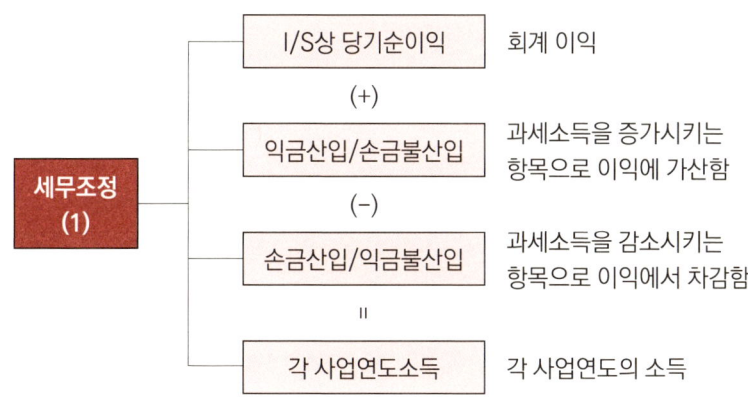

② 두 번째 단계 세무조정

→ 공제 항목을 순차적으로 차감하여 과세표준을 계산한다.

각 사업연도소득에서 과세소득을 줄여주기 위한 공제금액인 이월결손금, 비과세소득, 소득공제를 순차적으로 차감하여 과세표준금액을 산정하는 과정이다.

과세표준금액은 각 사업연도소득에서 이월결손금, 비과세소득, 소득공제를 순차적으로 차감하여 다음과 같이 계산한다.

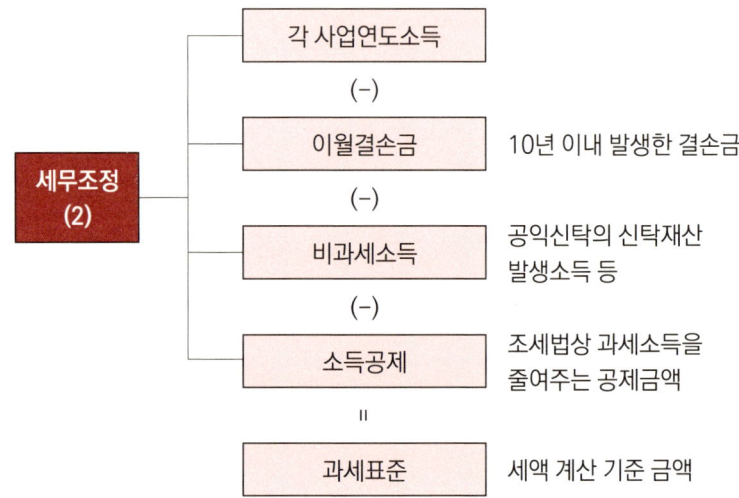

(8) 산출세액 계산

산출세액은 과세표준금액 기준으로 4단계 누진세율(10%, 20%, 22%, 25%)을 적용하여 계산한다.

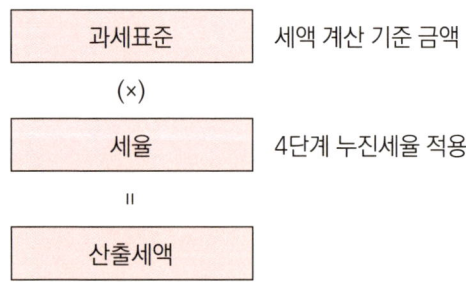

(9) 납부세액 계산

납부세액은 산출세액을 기준하여 다음의 세액을 가감하여 산정한다.

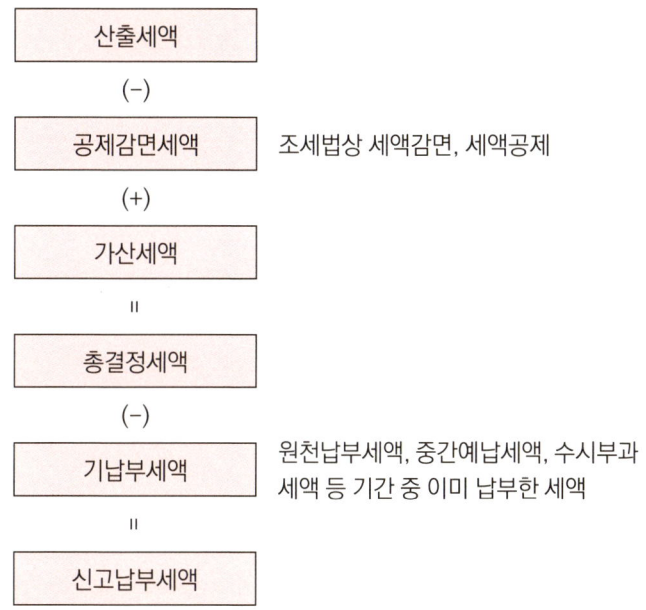

2) 소득세 산정

(1) 소득의 구분과 과세방법

소득세 산정을 위한 소득은 종합소득, 퇴직소득, 양도소득 세 가지로 분류하고 종합소득은 여섯 가지 소득으로 다음과 같이 구분한다.

(주) '이자소득 + 배당소득'을 금융소득이라 하고 2천만원 이하인 경우 원천징수로 과세종료되나 2천만원 이상은 종합소득 신고함

(2) 과세방법 : 분류과세

① 종합소득은 여섯 가지 소득을 합산하여 종합소득금액을 산출하여 과세한다.

② 분류과세적용 : 종합소득, 퇴직소득, 양도소득은 합산하지 않고 각각 따로 과세한다.

③ 분류과세의 의미
- 종합소득의 여섯 가지 소득은 비교적 매년 일정한 추세패턴에 의하여 큰 등락 없이 발생하지만 퇴직소득과 양도소득은 특정 연도에 일시적으로 거액의 소득으로 발생한다.
- 따라서 소득세는 소득금액이 많을수록 세율이 높아지는 누진세율이 적용되어 퇴직소득이나 양도소득이 발생한 연도에는 소득세 부담이

너무 많아지기 때문에 분류과세를 적용한다.

(3) 소득세 과세표준 계산

소득별 총수입금액	각 소득에서 지급받은 소득총액
(−)	
필요경비	이자소득/배당소득은 각 소득 획득 시 필수적으로 지출되는 비용인 필요경비 없음
=	
소득금액	
(−)	
소득공제	세액을 낮추기 위해 소득금액을 줄여주는 금액
=	
과세표준	세액 계산의 기준금액

(4) 납부세액 계산

과세표준	세액 계산의 기준
(×)	
세율	7단계 누진세율 적용
=	
산출세액	
(−)	
세액공제/세액감면	납부세액을 낮추기 위해 세액을 줄여주는 금액
=	
결정세액	
(−)	
기납부세액	원천납부세액 등 기간 중 이미 납부한 세액
=	
자진납부세액	

(5) 양도소득세 계산 흐름도

양도란 자산에 대한 등기 또는 등록과 관계 없이 매매, 교환 등을 통하여 해당 자산을 유상으로 사실상 이전하는 것을 말한다.

4. 부가가치세

재화 또는 용역이 유통되는 거래단계에서 창출되는 부가가치에 대하여 과세하는 세금이며 납세의무자와 담세자가 다른 간접세이다.

- 납세의무자(세금 신고납부자) : **판매자**
- 담세자(실제 세금 부담자) : **매입자**(소비자)

예를 들어, 10,000원짜리 세면도구를 산다면 소비자는 물건 값 10,000원과 부가가치세 1,000원을 합하여 11,000원을 지불한다. 부가가치세 1,000원은 소비자가 부담하지만 신고는 판매자가 한다.

1) 과세거래

재화의 공급, 용역의 공급, 재화의 수입거래 중 면세대상이 아닌 거래가 부가가치세 과세대상이다.

2) 면세거래

최종 소비자의 물가부담을 줄여주기 위해 기초생활 유지, 보건복지, 교육, 도서, 대중교통 운송 등의 거래에서 부가가치세를 면제해 주는 거래
① 가공되지 아니한 농산물, 축산물, 수산물
② 수돗물, 연탄과 무연탄
③ 여성용 생리처리 위생용품
④ 요양급여 대상인 의료보건용역
⑤ 교육, 도서, 신문, 대중교통운송(관광버스, 택시 제외)
⑥ 금융, 보험 등

3) 영세율

부가가치세 과세대상이지만 정책 목적으로 부가가치세율이 '0'%인 거래
① 수출촉진 목적의 수출거래
② 외화획득 목적인 용역의 국외공급, 외국항행용역 등

4) 세율 : 10%

5) 납부세액 : 매출세액 – 매입세액 = 납부세액

① 매출세액 : 공급가액 × 10%

② 매입세액 : 재화 또는 용역매입 시 부담한 세액(매입가액×10%)

5. 증권 관련 세금

1) 증권거래세

유가증권 양도 시 양도금액을 과세표준으로 부과하는 세금으로 납세의무자는 금융투자회사이고 담세자는 유가증권을 양도한 투자자이므로 간접세로 분류된다.

(1) 과세표준
유가증권 양도가액

(2) 세율

① **상장기업**
- 코스피 : 0.23%(농어촌특별세 0.15% 포함)
- 코스닥 : 0.23%
- 코넥스 : 0.10%

② **비상장기업**
- K-OTC : 0.25%
- 일반거래 : 0.43%

(3) 비과세
① 국가나 지방자치단체가 주권을 양도하는 경우
② 상장에 따라 증권을 매출하는 경우

2) 배당소득세

주주가 배당금을 수취할 경우 배당소득세를 납부한다.

① 배당금 2천만원 이하 : 15.4% 원천징수(소득세 14%, 지방소득세 1.4%)

② 배당금 2천만원 이상 : 종합소득세 신고 납부

3) 대주주 양도소득세 과세

대주주의 주식 거래에 따른 양도차익에 대한 소득세 과세

① 대주주 범위

구 분		지분율	시가총액
상장기업	유가증권시장 코스닥 시장 코넥스시장	1% 이상 2% 이상 4% 이상	10억원 이상*
비상장기업	-	4% 이상	

* 2023년 이후 3억원 이상

② 대주주 기준일 : 직전 사업연도 증권시장 폐장일 기준

③ 세율
- 양도차익 과세표준 3억원 이하 22%(지방소득세 포함)
- 양도차익 과세표준 3억원 초과 27.5%(지방소득세 포함)

4) 보유 주식의 상속증여세

(1) 과세표준

① **주권상장기업 주식**

평가기준일 전후 2개월간(총 4개월)의 종가평균가액

② 주권비상장기업 주식
- 평가기준일 전후 6개월 이내에 불특정 다수인 사이의 객관적인 교환가치(시가)
- 시가가 없는 경우 보충적 평가방법에 의한 평가
  - 1주당 가치＝[(1주당순손익가치×3)＋(1주당순자산가치×2)]÷5
    단, 부동산 과다 법인 경우 '주당순손익가치×2', '주당순자산가치×3'으로 한다.

(2) 세율

과세표준	세 율
1억원 이하	10%
1억원 초과 5억원 이하	20%
5억원 초과 10억원 이하	30%
10억원 초과 30억원 이하	40%
30억원 초과	50%

(단, 세율은 변경될 수 있음)

6. 증여세 계산과 절세전략

1) 증여세 계산

(1) 증여세 과세표준

증여세는 증여재산가액에 '10년 이내 증여재산'이 있으면 이를 더하고 공제항목을 차감하여 다음과 같이 계산한다.

(증여재산가액＋10년 이내 증여재산) － (채무부담액＋증여공제＋감정평가수수료)

① 증여공제한도액

- 배우자 : 6억원
- 직계존비속 : 5천만원
- 기타친족 : 1천만원

② 감정평가수수료 : 5백만원 한도

(2) 산출세액 = 과세표준 × 세율

과세표준	세 율
1억원 이하	10%
1억원 초과 5억원 이하	20%
5억원 초과 10억원 이하	30%
10억원 초과 30억원 이하	40%
30억원 초과	50%

(단, 세율은 변경될 수 있음)

(3) 납부세액

= 산출세액 + 세대생략 할증세액 − 세액공제 등

2) 증여세 절세전략

증여세 절세방안은 다음과 같은 내용을 고려한다.

① 상속보다 증여가 유리하다.
- 증여세는 개별적 과세이나 상속세는 전체재산에 대하여 과세하므로 세금부담이 크다.
- 통상 재산가치 상승이 이자율보다 높다.

② 현금/예금보다 부동산 증여가 더 유리하다.
- 현/예금의 경우 액면금액이 증여 당시의 시가이지만
- 부동산의 경우 시가 산정이 어려워 아래 기준을 적용한다.

- 토지 : 개별공시지가
- 건물 : 국세청 기준시가 또는 매년 공시가격

③ 증여 후 3개월 이내 매각하거나 담보제공하지 않는 것이 좋다. 감정가액이 오를 가능성이 있기 때문이다.

④ 공시가격이나 기준시가가 고시되기 전에 증여한다.
- 주택 : 통상 4월말 개별공시가격 고시
- 토지 : 통상 5월말 개별공시가격 고시

⑤ 건물임대 시 월세보다 보증금을 높인다(임대보증금-부채로 간주함)

⑥ 배우자에게 증여는 공제액 6억원 이내로 한다.

⑦ 부채상환 시 상환자금에 대한 입증서류를 구비한다.

7. 상속세 계산과 절세전략

1) 상속지분 계산

① 유언상속 : 유언 기준 상속

② 법정상속 : 배우자 1.5/직계비속 1.0 비율로 상속

예) 자녀가 3명일 경우 배우자 1.5, 직계비속 3.0(1.0×3) 합계 4.5(1.5+3.0)이므로 배우자 3/9(1/3), 자녀 6/9(2/3) 비율로 상속함

2) 상속세 과세표준

상속세는 상속재산가액에 '10년 이내 증여재산'이 있으면 이를 더하고 공제항목을 차감하여 다음과 같이 계산한다.

(상속재산 + 상속개시전 증여재산가액) − (제경비 + 상속공제 + 감정평가수수료)

① 인적공제 : '기초공제(2억원)+기타인적공제'와 '일괄공제'(5억원) 중 선택

가능

② 감정평가수수료 : 5백만원 한도(비상장주식의 경우 1천만원 한도)

③ 가업 상속공제(물적공제)

피상속인의 가업 영위기간	공제한도
10년 미만	적용되지 않음
10~20년 미만	200억원
20~30년 미만	300억원
30년 이상	500억원

④ 단기재상속 세액공제 : 상속인이 상속 후 10년 이내 사망하는 경우

(전의 상속세 산출가액×재산상속 과세가액비율×공제율)

재상속기간	공 제 율
1년 이내	100%
2~9년 이내	90~20%
10년 이내	10%

3) 산출세액 = 과세표준 × 세율

과세표준	세 율
1억원 이하	10%
1억원 초과 5억원 이하	20%
5억원 초과 10억원 이하	30%
10억원 초과 30억원 이하	40%
30억원 초과	50%

(단, 세율은 변경될 수 있음)

4) 상속세 절세전략

상속세 절세방안은 다음과 같은 내용을 고려한다.

① 상속재산보다 부채가 많은 경우 상속포기한다.

② 상속재산의 구체 확인 : 생명/손해보험금, 퇴직금, 신탁재산도 상속재산에 포함된다.

③ 피상속인의 재산을 모를 때 상속재산조회정보를 활용한다.
- 금융감독원 소비자 보호센터
- 행정자치부 지적정보센터

④ 금융자산 상속과 부동산 상속 중 어느 쪽이 유리한지 검토한다.
- 토지 : 개별공시지가 → 시가의 80% 수준
- 건물 : 국세청기준시가 → 시가의 80% 수준
- 금융재산 : 재산가액의 20% 세액공제

⑤ 장례 비용 500만원 초과 시 증빙자료를 철저히 구비한다.

⑥ 건물임대 시 월세보다 보증금(부채로 간주함)을 높인다.

⑦ 불효한다 : 병원비는 피상속인의 재산으로 내거나 또는 사망 후 내는 것이 좋다.

8. 누진세율에 의한 세액 계산(예시)

모든 세액 계산은 누진세율 방식으로 계산하며 과세표준 구간별 세율을 적용하여 다음과 같이 계산한다.

① 주식양도차익이 5억원인 경우 세액 계산

$$\underline{(3억원 \times 22\%)} + \underline{[(5억원 - 3억원) \times 27.5\%]} = 1억\ 2천1백만원$$
$$(6천6백만원) \qquad\qquad (5천5백만원)$$

② 증여세과세표준이 40억원인 경우 세액 계산

(1억원 × 10%) + [(5억원-1억원) × 20%] + [(10억원-5억원)×30%]
+ [(30억원-10억원)×30%] + [(40억원-30억원)×50%] = 15억 4천만원

재무제표분석으로
알짜종목투자하기

제 5 장

주식투자를 위한
재무관리 이슈

01 기업가치 평가

1. 기업가치 평가 목적

기업도 하나의 경제적 실체이므로 경영자는 기업가치를 증대시켜야 하며 이해관계자들은 기업가치(Valuation)를 평가하여 여러 가지 의사결정을 하게 된다.

기업가치 평가 목적은 다음과 같이 분류할 수 있다.

〈기업가치 평가 목적〉

목적	평가내용
(1) 투자 및 금융 의사결정	투자자 및 채권자는 기업의 수익가치와 자산가치를 평가하여 주식매매를 위한 투자 목적과 금융 의사결정 목적으로 기업가치를 평가함
(2) 기업 간 거래	기업인수나 합병, 기업매수 및 매각 등 합병가액이나 인수가액의 산정을 목적으로 기업가치를 평가함
(3) 기업 내부 의사결정	경영자의 경영목표와 경영전략수립, 신규사업진출, 사업철수 등 사업구조전략 목적으로 기업가치를 평가함
(4) 법률 및 규정	① 상속세 및 증여세법상 상속세 및 증여세의 과세 목적으로 기업가치를 평가함 ② 자본시장과 금융투자업법상 상장기업과 비상장기업 합병 시 비상장기업의 합병가액 결정 목적으로 기업가치를 평가함 ③ 기업회계기준상 기업이 보유하고 있는 비상장주식의 공정가치평가 목적으로 기업가치를 평가함

2. 평가방법과 예시

1) 시장배수평가모형 평가

시장배수(Market multiple)에 의한 기업가치평가는 동종업종 또는 유사기업 시장배수와 평가대상기업의 EPS, BPS를 상대비교하여 평가하는 방법으로 유사기업이용법 또는 상대가치평가법이라고 한다.

① 평가대상기업과 영업적, 재무적으로 유사한 특성을 가진 기업(유사기업)을 선정한다.

② 평가대상기업의 예상성과측정치 즉 EPS, BPS 등을 추정한다.

③ 유사기업의 시장배수를 산정하고 평가대상기업의 추정 EPS, 추정 BPS 등을 시장배수에 곱하여 유사기업 비교가치를 산정한다.

- PER 모형, 기업가치(P_0) = 추정 EPS × 유사기업의 PER
- PBR 모형, 기업가치(P_0) = 추정 BPS × 유사기업의 PBR

④ PER 모형, PBR 모형의 비교가치를 평균치로 조정하여 평가대상기업의 기업가치를 평가한다.

(1) 평가 예시

Q 유사기업의 시장배수   PER : 9.0배
　　　　　　　　　　　　　PBR : 2.5배
　　F 기업의 추정성과치　 EPS : 3,250원
　　　　　　　　　　　　　BPS : 10,850원

A

⟨F 기업 가치평가⟩

구분	유사기업 시장배수(A)	평가기업 추정치(B)		기업가치(주가) (A×B)
		EPS	BPS	
PER 모형	9.0배	3,250원	–	29,250원 (9.0×3,250)
PBR 모형	2.5배	–	10,850원	27,125원 (2.5×10,850)
평 균	–			28,188원

(주) 28,188 = (29,250 + 27,125) ÷ 2

(2) 활용

① 시장가치가 형성되지 않는 비상장기업주식평가에 적용할 수 있다.

② 상장기업의 동종업종 내 또는 유사한 기업 간의 적정한 주가 수준, 목표주가 추정에 활용할 수 있다.

2) 배당할인모형(DDM, Dividend discount model) 평가

배당할인모형에 의한 기업가치 평가는 발행된 주식으로부터 기대되는 미래현금흐름의 현재가치로 평가한다.

즉 주식보유로 인한 미래현금흐름은 배당과 주식처분가액이므로 미래배당 예상액을 일정한 할인율(기대수익율 = 자기자본비용)로 할인한 현재가치로 평가할 수 있다.

(1) 평가 예시

Q S기업주식의 4년간 예상배당액과 4년 후 주식매각예상액이 다음과 같으며 기대수익률은 12%이다.

(단위 : 원)

구분	Y₁	Y₂	Y₃	Y₄
예상배당액	2,000	2,200	2,500	3,000
예상매각액	–	–	–	25,000

A S기업가치(주가)

매년(Y1-Y4) 현금흐름액을 기대수익률 12%로 나누어 다음과 같이 계산한다.

$$\frac{2,000}{(1+0.12)^1} + \frac{2,200}{(1+0.12)^2} + \frac{2,500}{(1+0.12)^3} + \frac{3,000}{(1+0.12)^4} + \frac{3,000}{(1+0.12)^4} = 23,114$$

S기업의 가치(23,114원)는 미래현금흐름의 크기와 기대수익률에 의하여 결정된다. 즉, 미래현금흐름의 예상액이 높아지거나 기대수익률이 낮아지면 기업가치는 높아지고(↑), 미래현금흐름 예상액이 낮아지거나 기대수익률이 높아지면 기업가치는 낮아진다(↓).

(2) 활용

배당할인모형에 의한 기업가치(주가) 평가는 주식매매 의사결정에도 활용할 수 있다. 예를 들어 위의 예시와 같이 예상배당액과 주식매각 예상액이 합리적으로 추정되었고 목표투자수익률을 연 12%로 할 경우 S기업의 현재 주가가 23,114원 이하이면 매수하고, 23,114원 이상이면 매수보류 의사결정을 한다.

3) 현금흐름할인모형(DCFM, Discounted cash flow model) 평가

현금흐름할인모형에 의한 기업가치 평가는 미래영업활동으로 인한 현금흐름, 즉 잉여현금흐름(FCF, Free cash flow)을 일정한 할인율(WACC, Weighted average cost of capital, 가중평균자본비용)로 할인한 현재가치로 평가한다.

FCF는 기업의 전체 자산을 활용하여 창출된 현금흐름이므로 현금흐름할인가치(전체 기업가치)에서 타인자본가치를 차감하여 기업가치를 평가한다.

(1) 평가 예시

Q

① P사의 5년간 기대현금흐름(FCF) 예상액은 다음과 같으며 미래 6년 이후 FCF는 750원이 영속적으로 발생한다.

(단위 : 원)

구분	Y_1	Y_2	Y_3	Y_4	Y_5
FCF	500	600	640	700	750

(주) FCF : Free cash flow. 잉여현금흐름 – 영업활동에서 창출되는 현금

② WACC(가중평균자본비용)는 10%이며 차입금가치는 2,500원이다.

A

① 현금흐름의 현재가치 : **2,375**

(단위 : 원)

구분	Y_1	Y_2	Y_3	Y_4	Y_5	계
FCF(A)	500	600	640	700	750	3,190
현가계수(B)	0.9091	0.8264	0.7513	0.6830	0.6209	
FCF 현가 (A×B)	455	496	481	478	465	**2,375**

(주) 현재가치계수표 참조

② 잔여가치 : 750/0.1(10%) = 7,500

잔여가치의 현재가치 : 7,500 × 0.6209 = **4,656**

잔여가치는 Y_5 750원의 현금이 영속적으로 들어오므로 750원을 자본비용 10%로 나누어 계산한 후 Y_5 연도의 현재가치계수를 곱하여 계산한다.

③ 전체 기업가치 : 2,375 + 4,656 = **7,031**

④ 주주지분 기업가치 : 7,031(전체 기업가치) - 2,500(차입금가치) = **4,531**

주주지분 기업가치는 기업 전체가치(7,031)에서 차입금가치(2,500)를 차감하여 계산한다.

(주) 잔여가치는 터미널밸류(Terminal value)라고 한다.

DCF 모형에서도 배당할인모형과 마찬가지로 기업가치는 미래현금흐름 예상액이 높아지거나 가중평균자본비용(WACC)이 낮아지면 기업가치는 높아지고 미래현금흐름 예상액이 낮아지거나 WACC가 높아지면 기업가치는 낮아진다.

(주) 잉여현금흐름(FCF, free cash flow) : 기업이 자체의 영업활동에서 창출한 영업활동현금흐름으로 다음과 같이 계산한다.
- **잉여현금흐름**(영업활동현금흐름, ① + ② + ③ + ④ + ⑤)
① 세후영업이익(영업이익-법인세비용)
② 감가상각비 등 현금유출 없는 비용 가산 ┐ 현금기준영업이익
③ 유형자산처분이익 등 현금유입 없는 수익 차감 ┘ (EBITDA. p.285 참조)
④ 운전자본 증가(△), 운전자본 감소(+)
⑤ 비유동자산 투자(△), 비유동자산 감소(+)
(주) ①, ②, ③은 현금기준영업이익(EBITDA. p.285 참조)

4) 자본시장 및 금융투자업법에 의한 평가

이 방법은 주권상장법인 간 합병 시 합병비율 결정과 주권상장법인과 주권 비상장법인 간 합병 시 비상장법인의 주식가치평가를 위한 것이다.

(1) 주권상장법인 간 합병 시 주식가치 평가방법

합병을 위한 이사회결의일 전일을 기산일로 하여 다음 ①, ②, ③의 평균가액으로 평가한다.
① 최근 1개월간 평균종가(거래량으로 가중산술평균하여 평가)
② 최근 1주일간 평균종가(거래량으로 가중산술평균하여 평가)

③ 최근일 종가

위 (1)의 평가액(이를 '기준시가'라 함)을 30% 할인 또는 할증한 가액(단, 계열사 간 합병의 경우 10% 할인 또는 할증)

(2) 상장법인과 비상장법인 간 합병 시 주식가치 평가방법
- 상장법인의 경우 위와 같이 평가하고
- 비상장법인은 다음의 자산가치와 수익가치를 1과 1.5로 가중산술 평균한 가액으로 하고 상대가치도 공시한다.

① 자산가치

분석기준일 현재 1주당 순자산가액(자산가치 = 순자산/발행주식총수)

순자산 = 자본총계 + 가산항목 − 차감항목

(주) 가. 가산항목
　① 결산기 이후의 유상증자(전환사채의 전환권행사 및 신주인수권부사채의 신주인수권행사에 의한 자본금 증가 포함)
　② 결산기 이후의 자본잉여금, 재평가잉여금 증가
　③ 자기주식
나. 차감항목
　① 실질가치 없는 무형자산 및 회수가능성 없는 채권
　② 시장성 없는 투자주식의 순자산가액이 취득원가에 미달하는 금액
　③ 퇴직급여 충당부채 설정부족액
　④ 결산기 이후 자산손상차손
　⑤ 결산기 이후 배당금지급액, 전기오류수정손실
　⑥ 결산기 이후 유상감자

② 수익가치

현금할인모형, 배당할인모형 등 미래수익가치 산정에 관하여 일반적으로 공정하고 타당한 것으로 인정되는 모형을 적용해 산정한다.

③ 상대가치

평가회사와 소분류 업종이 동일하며 상장회사 중 매출액에서 제품 또는 용역 종류가 유사한 법인 가운데 최근 사업연도말 주당세전이익과 주당순자산을 비교하여 30% 이내 범위에 있는 3사 이상 법인의 주가를 기준으로 평가회사와 유사회사의 주당세전이익과 주당순자산을 유사회사별로 비교가치를 평균한 가액의 30% 이상을 할인한 가액

가. 유사회사별 비교가치 = 유사회사의 주가

$$\times \left[\left(\frac{\text{평가회사의 주당세전이익}}{\text{유사회사의 주당세전이익}} + \frac{\text{평가회사의 주당순자산}}{\text{유사회사의 주당순자산}} \right) \div 2 \right]$$

나. 유사회사의 주가 (①과 ② 중 낮은 가액)

① 분석기준일 전일부터 1개월간 평균종가와 분석기준일 전일 종가 중 낮은 가액
② 분석기준일의 종가

다. 주당세전이익

$$= \left(\frac{\text{최근 사업연도 세전이익}}{\text{발행주식 총수}} + \frac{\text{직전 사업연도 세전이익}}{\text{발행주식 총수}} \right) \div 2$$

라. 주당순자산 : 상동 上同

마. 유사회사의 요건
• 주당세전이익이 액면가의 10% 이상인 회사

- 주당순자산이 액면가 이상인 회사
- 감사의견이 적정의견 또는 한정의견인 회사

5) 상속증여세법에 의한 평가

(1) 주권상장기업의 주식가치 평가
평가기준일 전후 2개월간(합계 4개월)의 종가평균액으로 평가한다.

(2) 주권비상장기업의 주식가치 평가
① 평가기준일 전후 6개월 이내에 불특정 다수인 사이의 객관적인 교환가치(시가)로 평가한다.
② ①의 시가가 없는 경우 보충적 평가방법에 의하여 평가한다.
- 1주당 주식가치 = (1주당순손익가치×3 + 1주당순자산가치×2)/5
  단, 부동산과다보유법인의 경우 '주당순손익가치×2, 주당순자산가치×3'으로 한다.
- 1주당순손익가치
  - 최근 3년간 순손익가치의 가중평균액÷기재부령이 정하는 이자율
  - 최근 3년간 순손익가치의 가중평균액 = (최근 1년 순손익가치×3 + 최근 2년의 순손익가치×2 + 최근 3년의 순손익가치×1)/6
- 1주당순자산가치 = (평가기준일 현재 순자산가액/발행주식총수)
  - 순자산가액 = (자산총계 − 부채총계) + 영업권평가액
  - 영업권평가액 = (평가기준일 전 3년간 가중평균손익×50% − 평가기준일 현재 자기자본×10%)/(1 + 자본환원율)[5]

(3) 최대주주지분평가액의 가산비율
① 지분율 50% 이하인 경우 20% 가산(중소기업 10% 가산)

② 지분율 50% 초과인 경우 30% 가산(중소기업 15% 가산)

02 기업 가중평균자본비용(WACC) 개념

자본비용은 기업이 '자본조달 및 사용 대가로 자본 제공자에게 지급하는 금액'을 말한다. 구체적으로 차입금조달에 대하여 지급하는 이자비용, 주주자본조달에 따라 주주가 요구하는 주주기대수익이다.

자본비용의 본질은 두 가지 측면으로 접근할 수 있다.

자본비용 = 이자율 + 위험보상률

첫째, 자본비용은 실물가치 상승에 따른 화폐가치 하락의 보상적 개념으로 이자율 성격을 갖는다.

둘째, 자본제공자는 일정기간이 경과한 미래에 자금을 회수함으로써 기간경과에 따른 위험을 감수하기 때문에 이에 대한 보상성격의 대가가 포함된다.

따라서 자본비용이 높을수록 기업은 자본조달에 대한 위험 부담이 높다는 뜻이므로 기업가치는 낮아진다.

1. 기업 가중평균자본비용(WACC, Weighted average cost of capital)

기업은 자금소요액을 특정자본으로만 조달하는 것이라 여러 자금을 복합적으로 조달하여 경영활동을 하게 된다. 이 경우 각 조달자본의 개별 자본비용이 서로 다르므로 자금운용 수익률과 대비하기 위한 단일 자본비용률 산정이 필요한데 이 단일 자본비용률이 가중평균자본비용이다.

그리고 가중평균자본비용은 각 개별자본비용을 단순 평균하는 것이 아니라 자금조달구성비로 평균해야 한다.

WACC 산정 예시

① WACC 산식

$$가중평균자본비용(WACC) = 차입금이자율 \times (1 - 법인세율) \times \frac{차입금}{(차입금 + 자기자본)} + 자기자본기대수익률 \times \frac{자기자본}{(차입금 + 자기자본)}$$

② WACC 산정(예시)

자본조달	금액	%(A)	자본비용	세후자본비용(B)	WACC (A×B)
차입금(A)	4,000	40.0	10%	7.0	2.80
차입금(B)	2,000	20.0	12%	8.4	1.68
자기자본	4,000	40.0	15%	15.0	6.00
계	10,000	100.0	-	-	10.48

(주) 세후자본비용 : 자본비용 × (1 – 법인세율)
(단, 법인세율 : 30%)

2. 타인자본비용

타인자본비용은 차입금에 대한 이자율로 실질이자율과 이자비용의 절세효과를 고려해야 한다.

1) 실질이자율

실질이자율은 실제 가용자금의 이자율이기 때문에 차입 관련 예금이 있다면 예금이자수익을 차감하여 계산한다.

$$\text{실질이자율} = \frac{\text{명목이자비용} - \text{구속성예금 이자수익}}{\text{명목차입금} - \text{제비용} - \text{구속성예금}} \times 100$$

(주) • 제비용 : 차입금 관련 수수료, 보증료 등의 지출 금액
　　 • 구속성 예금 : 차입금 관련 예금

2) 이자비용의 절세효과

차입금을 자기자본과 상대 비교하면 자기자본비용(배당금 지급액)은 '이익처분'으로 법인세 신고 시 손금불산입이 되어 법인세 절감이 되지 않지만 차입금 이자비용은 영업외비용으로 손금산입되어 법인세 절감효과가 나타나는 것을 절세효과라 하고 '이자율 × (1 − 법인세율)'로 계산한다.

$$\text{타인자본비용} = \text{실질이자율} \times (1 - \text{법인세율})$$

타인자본비용 산정 예시

- 차 입 금　2,000　• 구속성 예금　400　• 차입금이자율　12%
- 예금이자율　8%　• 차입제비용　10　• 법 인 세 율　30%

① 실질이자율 = $\dfrac{240(2,000 \times 12\%) - 32(400 \times 8\%)}{2,000 - 10 - 400}$ = 13.1%

② 타인자본비용 = 13.1% × (1 − 30%) = 9.17%

(주) 실질이자율이 13.1%로 상승하는 것은 400원을 12%로 빌렸다가 8%로 예금하기 때문에 소위 예대마진 차이로 인한 것임

3. 자기자본비용(자기자본기대수익률)

자기자본비용은 주주의 기회비용으로 주주가 다른 곳에 투자했을 경우 얻을 수 있는 수익률을 포기한 대가이기 때문에 수익률이 명백하지 않아

정확히 산정하는 것은 어렵지만 일반적으로 자본자산가격결정모형을 많이 적용한다.

• **자본자산가격결정모형**(CAPM, Capital asset pricing model)

CAPM 모형은 자기자본 투자자의 경우 투자위험을 감수하기 때문에 투자자의 기대수익률(Ri)은 무위험이자율(Rf)에 일정한 위험프리미엄을 가산하여 자기자본으로 산정하는 모형이다.

위험프리미엄은 기업별 투자위험도가 상이하므로 시장평균 위험프리미엄에 개별기업위험계수(β계수)를 반영하여 자기자본비용으로 산정한다.

자기자본기대수익률(Ri) = Rf + βi × (Rm − Rf)

- Rf : 무위험이자율(국고채수익률)
- Rm : 자본시장의 평균수익률(종합주가지수 상승률)
- (Rm − Rf) : 시장위험 프리미엄
- βi : 기업의 위험계수

CAPM 모형 예시

- 무위험이자율(Rf) : 8.0%
- 종합주가지수 상승률(Rm) : 13.0%
- 베타계수(βi), 각각 βi = 1.0, βi = 1.3, βi = 0.8인 기업

① βi = 1.0인 기업 (시장평균위험과 같은 기업)
자기자본비용(Ri) = 8.0% + 1.0 × (13.0% − 8.0%) = 13.0%
② βi = 1.3인 기업 (시장평균위험보다 높은 기업)
자기자본비용(Ri) = 8.0% + 1.3 × (13.0% − 8.0%) = 14.5%
③ βi = 0.8인 기업 (시장평균위험보다 낮은 기업)
자기자본비용(Ri) = 8.0% + 0.8 × (13.0% − 8.0%) = 12.0%

03 기업위험과 β계수

1. 기업위험

기업위험은 시장전체위험(체계적 위험)과 기업고유위험(비체계적 위험)으로 구분된다.

> **기업위험 = 시장위험 + 기업고유위험**

① 시장위험 : 포트폴리오 분산투자를 통하여 제거 불가능한 위험으로 체계적 위험이라고 한다.
- 인플레이션, 이자율, GDP 성장률 등 거시경제지표와 국내외 정치·경제 사건 등으로 시장 전체에 영향을 주는 변수 위험

② 기업고유위험 : 분산투자를 통하여 제거 가능한 위험으로 비체계적 위험이라고 한다.
- 신규사업 진출, M&A, 신제품 개발, 경영자 변동, 자사주 매입 등 개별 기업에만 영향을 주는 변수 위험

〈시장위험과 개별위험 비교〉

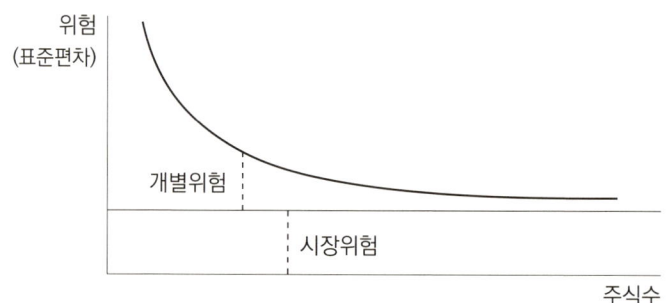

그림에서 보는 바와 같이 위험분산이 잘되면 개별위험은 거의 존재하지 않고 시장위험만 존재한다.

개별자산 위험은 기업고유위험이 상당히 존재하므로 기업전체의 총 위험은 시장위험보다 높지만 개별위험은 분산투자를 통하여 제거될 수 있으므로 궁극적으로 시장위험만 남게 되어 시장위험의 크기로 개별자산위험(β계수)을 측정한다. 예를 들면, 상장주식 전부를 1주씩 매입한다면 개별위험은 완전히 제거되기 때문이다.

2. β계수

① β계수는 기업의 시장위험(체계적 위험)을 측정하는 계수로 일정기간 시장수익률(종합주가지수)의 변동대비 개별기업의 수익률(개별기업주가) 변동으로 다음과 같이 측정한다.

$$\beta i = \frac{cov(r_i, r_m) \text{ [개별기업수익률과 시장수익률의 공분산]}}{\delta m^2 \text{ [시장수익률의 분산]}}$$

② '$\beta i = 1.0$'인 기업은 개별기업 주가수익률이 종합주가지수수익률과 같으며 '$\beta i > 1.0$'인 기업은 주가수익률 변동성이 커 위험이 높은 투기주, '$\beta i < 1.0$'인 기업은 주가수익률 변동성이 작은 안정주를 의미한다.

③ 베타는 개별자산수익률을 시장지수수익률에 대하여 다음과 같이 회귀분석하여 구할 수 있다.

$$r_{it} = \alpha_i + \beta_i r_{mt} + \varepsilon_i$$

• r_{mt} : 시장지수수익률, r_i : 개별자산수익률 β : 회귀선기울기

β는 회귀선의 기울기이므로 두 수익률 간의 공분산 $cov(r_i, r_m)$을 시장지수수익률의 분산 $\sigma^2 m$으로 나눈 값이다.

$$\beta i = \frac{cov(ri, rm)}{\delta m^2}$$

④ 베타계수는 그래프에서 시장전체수익률(직선)과 개별기업수익률(점표시)을 최소자승법으로 평균하여 구한다.

예를 들어 1년치라면 1월 2일 발회일부터 12월 30일 납회일까지 매일의 시장수익률과 개별기업수익률을 최소자승법으로 평균하여 산정한다.

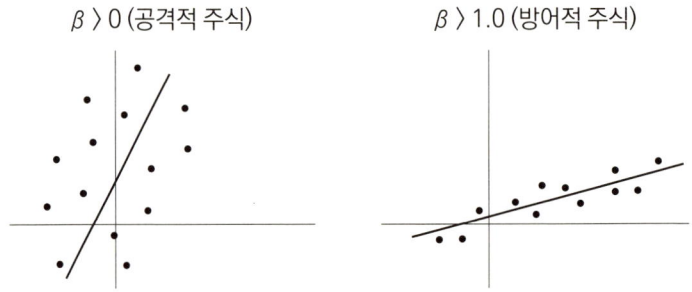

⑤ 베타계수의 판단

구 분	판 단
$\beta > 0$ $\beta < 0$	개별기업수익률이 시장수익률과 같은 방향으로 움직임 개별기업수익률이 시장수익률과 반대 방향으로 움직임

$0 < \beta < 1$
 	
$\beta > 1$
	• 개별기업수익률이 시장수익률보다 덜 움직임
	  즉 변동성(위험)이 낮음 → 방어적 주식, 비투기적 주식
	• 개별기업수익률이 시장수익률보다 크게 움직임
	  즉 변동성(위험)이 높음 → 공격적 주식, 투기적 주식

예를 들어, β계수가 1.2라면 시장평균수익률보다 20% 높거나 낮게 변동하며 β계수가 0.7이라면 시장평균수익률의 70%로 변동한다는 의미이다.

⑥ 베타계수는 해당 기업에 대한 증권시장 투자위험이며 해당 기업이 속한 업종의 사업에 대한 영업위험은 아니다.

04 액면가액의 진실 : 황제주와 동전주

액면가액은 기업이 주식 1주를 발행하는 기준가액이며 회사설립 시 정관에 명시하고 법원에 등기하는데 발행주식수를 결정하는 요소로 중요한 의미를 지닌다. 액면가액은 납입자본금 규모와 발행주식수를 고려하여 결정된다.

재무상태표상 납입자본금 = 액면가액 × 발행주식수

같은 납입자본금 규모라도 액면가액을 높이면 발행주식수는 적고 액면가액을 낮추면 발행주식수가 많아진다. 그리고 액면가액에 따라 발행주식수가 정해지고 발행주식수에 따라 다음의 재무지표들이 결정된다.

- 납입자본금 ÷ 발행주식수 = 액면가액
- 자본총계 ÷ 발행주식수 = 주당순자산(BPS)
- 당기순이익 ÷ 발행주식수 = 주당이익(EPS)
- 시가총액 ÷ 발행주식수 = 1주당주가

액면가액은 설립 이후 액면변경(액면분할/액면병합)에 따라 주요재무지표들이 변할 수 있다.

1. 주가의 상대비교

2020년 12월 30일 기준 삼성전자 주가는 81,000원, SKT 주가는 238,000원, LG전자 주가는 135,000원이다. 주가는 기업의 시장가치를 나타내므로 주가가 높을수록 기업가치가 높다고 판단한다.

위의 3개 회사 시장가치를 비교할 때 SKT가 가장 높고 LG전자, 삼성전자 순서로 볼 수 있을까?

아니다. 삼성전자는 액면가액이 100원이고 SKT는 500원, LG전자는 5,000원이다. 당초 3개사 모두 액면가액 5,000원이었으나 SKT는 2000년 4월, 삼성전자는 2018년 5월에 5,000원의 액면가액을 각각 500원과 100원으로 액면분할하였고 LG전자는 현재도 5,000원이다.

기업가치를 상대비교할 때 주가를 단순 비교하면 안 되고 액면가액을 모두 5,000원으로 환산하여 비교하면 삼성전자는 4,050,000원, SKT는 2,380,000원, LG전자 135,000원이므로 시장가치는 삼성전자 – SKT – LG전자 순이다.

2020년 주당이익(EPS)은 삼성전자 2,299원, SKT 10,221원, LG전자 6,724원이나 액면가를 5,000원으로 맞추어 상대비교하면 삼성전자 114,950원, SKT 102,210원, LG전자 6,724원이다.

2. 액면변경(액면분할/액면병합)

액면분할은 1주의 액면가액을 일정비율로 낮추는 것이고 액면병합은 여러 주를 합쳐서 액면가액을 높이는 것이다. 따라서 액면분할은 주식수가 비율대로 늘어나고 액면병합은 주식수가 줄어든다.

예시 1 2000년 4월, SKT는 1주당 액면가액 5,000원을 500원, 1/10로 액면분할하였다. 액면가액 변경 전후 주주자산가치는 변동이 없으므로 액면가액은 1/10로 줄지만 주식수는 10배 늘어났다. 당시 액면변경 전 주가는 4,000,000원 정도였으며 액면분할 후 400,000원으로 거래되었다.

$$\frac{1주 \times 4,000,000원}{(액면변경\ 전)} = \frac{10주 \times 400,000원}{(액면변경\ 후)}$$

SKT가 액면분할한 이유는 주가관리 차원이었다. 주가는 높을수록 거래금액이 많아져 매수 수요가 줄어드는 경향이 있다.

SKT의 경우 2000년 초 주가는 4,800,000원 수준이었으며 (장중에 5,000,000원 찍은 적도 있음) 당시 거래량 단위는 10주 단위였으므로 SKT 주식을 보유하기 위해서는 최소 4천만원(4,000,000×10주) 이상의 현금이 필요하므로 개인투자자는 거래하기 어렵고 기관이나 외국인 위주로 거래되어 주가가 높을수록 개인들의 매수 수요가 증가하지 못하여 주가상승에 한계가 있었다. 그래서 액면분할하여 2000년 4월 이후에는 4백만원(400,000원×10주)이면 SKT 주식을 매수할 수 있어 개인투자자 수요 증가로 주가가 상승할 수 있었다. 일반적으로 액면분할은 증권시장에서 호재로 받아들인다.

예시 2 삼성전자는 2018년 주가가 2,600,000원선으로 역시 개인투자자가 삼성전자 주식을 보유하기 어려웠다. 삼성전자 역시 액면가액을 100원으로 낮추어(1주 50,000원선) 투자자들이 국민주 개념으로 보유할 수 있도록 50대 1로 액면분할하였고 주식수 역시 50배 증가되었다.

3. 황제주와 동전주

통상 LG생활건강같이 주가가 1백만원을 넘으면 (20.12.31. 액면가 5,000원, 종가 1,620,000원) 황제주라 하고 1천원 이하이면 동전주라고 한다.

현행 우리나라에 동전은 1원, 10원, 50원, 100원, 500원짜리가 있으며 1천원 이상 동전은 없고 지폐만 있다. 그래서 1천원 미만의 주식을 동전주라고 한다.

그러면 시장가치가 가장 높은 기업은 어딜까? 황제주라 불리는 LG생활건강의 기업가치가 가장 높을까? 액면가액을 고려하면 그렇지 않다. 주가를 상대비교할 때는 액면가액이 같도록 환산하여 비교해야 한다.

네이버의 2020년 12월 30일 기준 주가는 액면가액 100원이면서 주가는

292,500원이었다. 만약 액면가액 5,000원으로 환산한다면 14,625,000원 수준이므로 현재 시장가치가 가장 높다고 볼 수 있다.

그러므로 액면가액과 발행주식수에 영향을 받는 **주가**(시가총액/발행주식수), **주당이익**(EPS, 당기순이익/발행주식수), **주당순자산**(BPS, 자본총계/발행주식수)은 모두 액면가액을 같은 기준으로 환산하여 비교해야 한다.

4. 액면가액 결정

그러면 액면가액과 발행주식수는 어떤 요소로 결정될까?

가장 먼저 기업설립 시 자산규모, 특히 시설투자를 포함한 유무형자산 크기로 결정된다.

유무형자산인 비유동자산의 자금은 자기자본으로 조달되어야 하기 때문에 비유동자산 크기에 따라 납입자본금 규모가 결정된다.

납입자본금 크기에 따라 발행주식수를 결정하되 설립 시에는 비상장 상태에서 주식분산할 필요가 없으므로 액면가액을 10,000원 등으로 높게 한다. 이때는 굳이 발행주식수를 크게 할 필요가 없다. 발행주식수가 많으면 주권발행비용, 등기비용 등 지출만 많아지기 때문이다.

이후 상장하면 주식분산요건도 충족되어야 하고 주가도 관리해야 하기 때문에 기업공개(IPO) 시 통상 액면분할하여 상장하는 것이 일반적이다.

이런 측면에서 보면 유가증권시장에서 상장된 대기업과 제조업은 시설투자 등 유무형자산이 많아 납입자본금 규모가 커 액면가액이 5,000원으로 높은 반면 코스닥 시장에 등록된 벤처기업들은 시설투자 규모가 작고 납입자본금도 상대적으로 작아 액면가액 500원 이하 기업이 많다.

05 이익에 대한 배당금

 기업이 창출한 이익은 기업의 주인인 주주에게 귀속된다. 이익 중 일부 금액은 회사에 적립(이를 적립금이라 한다)하고 일부는 출자한 자본의 이자 개념, 즉 배당금으로 주주에게 지급하며 자기자본비용이라고 한다.
 배당금은 이익 범위 내에서 지급하므로 이익이 많으면 배당금을 많이 지급하지만 이익이 적으면 적게 지급하며 결손이 생기면 배당금은 없다.

1. 배당가능이익과 배당 관련 지표들

1) 배당금과 적립금

이익은 배당금과 적립금으로 다음과 같이 처분된다.

 적립금은 법 규정에 의하여 강제로 적립하는 법정적립금과 경영자의 경영전략에 따라 적립하는 임의적립금이 있다. 법정적립금은 향후에도 배당금으로 지급할 수 없으며 미래에 발생할 수 있는 결손보전이나 자본전입(무상증자)으로만 사용할 수 있다.

2) 배당가능이익

배당가능이익은 당기순이익과 누적 임의적립금액을 합한 금액에서 당기에 적립해야 할 법정적립금을 차감한 금액이다.

배당가능이익 = (당기순이익 + 임의적립금 누적액) − 당기 법정적립금액

3) 배당관련 지표들

(1) 배당률

액면가액 대비 배당지급액 비율이며 명목상 투자수익률이다.

예를 들어 액면가액 5,000원 기업의 배당률이 20%라면 1주당 배당금은 1,000원이다.

$$배당률(\%) = \frac{1주당\ 배당금(1,000원)}{1주당\ 액면가액(5,000원)} \times 100 = 20.0\%$$

(2) 배당수익률

시가배당률이라고 하며 현재 주가 대비 배당금지급비율로 실제 투자수익률이며 구체적으로 자기가 매입한 주가 대비 배당금 비율이다.

예를 들어 1주당 액면가액 5,000원, 1주당 배당금 1,000원인 기업 주식을 20,000원에 매입하였다면 배당수익률은 아래와 같다.

$$배당수익률(\%) = \frac{1주당\ 배당금(1,000원)}{주식매입단가(20,000원)} = 5.0\%$$

이 경우 배당률은 20.0%이지만 실질투자수익률인 배당수익률은 5.0%이다.

(3) 배당성향

당기순이익 중에서 주주에게 지급한 배당금 총액 비율이다.

A기업의 당기순이익이 100억원이며 이 중 45억원을 배당금으로 지급했을 경우 배당성향은 아래와 같다.

$$배당성향(\%) = \frac{배당금\ 총액(45억원)}{당기순이익(100억원)} \times 100 = 45.0\%$$

(4) 유보율

유보율은 내부적립금 비율이므로 '1 – 배당성향'이다.

위의 예에서 55.0%가 유보율이다.

2. 배당금 분류와 배당기준일

1) 배당금 분류

(1) 지급시기에 따른 분류

① 연말배당금 : 연말 결산 후 이익 크기에 따라 정기주주총회 승인결후 지급하는 배당금

② 중간배당금 : 연중 추정이익으로 이사회 결의에 따라 일정금액을 지급하는 배당금

(2) 지급 수단에 따른 분류

① 현금배당금 : 현금으로 지급하는 배당금으로 현금지출이 발생하면서 이익잉여금이 감소하고 자본총계도 감소한다.

② 주식배당금 : 배당금으로 지급할 금액을 주식을 발행하여 발행주식을

주주에게 교부하는 배당금이며 배당금이 실제 현금지출되지 않고 자본금으로 증가되므로 자본총계는 변동 없으며 배당금을 주주에게 현금지급했다가 바로 자본금으로 납입받는 개념으로 이해하면 된다.

2) 배당기준일과 배당부附주가/배당락落주가

배당기준일은 배당받을 수 있는 권리일이며 기업의 결산일이다.

현행 주식거래는 3일수도受渡결제이기 때문에 배당금을 받기 위해서는 결산일 전전날(영업거래일 기준) 주식을 매입해야 결산일 현재 주주가 되어 배당금을 받을 수 있다.

기업 결산일은 대부분 12월 말이므로 12월 말에는 주로 배당금 수취를 위한 거래가 많이 이루어지는데 특히 배당금을 많이 지급하는 우량주(통상 배당주라고 한다)를 매입하면 단기간 내에 배당수익률이 높기 때문이다. 배당부配當附주가는 배당받을 권리가 붙어 있는 날의 주가이며 배당락配當落 주가는 배당받을 권리가 없어지는 날의 주가이다.

예를 들어 12월 결산 법인 경우 12월 31일은 증권거래 휴장일이므로 12월 28일 주식을 매입하면 12월 30일 주주가 되므로 12월 28일 주가를 '배당부주가', 12월 29일 주가는 '배당락주가'라고 한다.

3. 2020년 삼성전자 배당금 예시

① 배당금 지급액 : 보통주 1주당 1,932원/우선주 1주당 1,933원
② 배당률 : 보통주 1,932%/우선주 1,933%
③ 배당수익률(시가배당률) : 보통주 2.6%/우선주 2.7%
④ 배당성향 : 36%[(배당금총액/영업이익)×100]

2021. 1. 28 금융감독원 전자공시 내용 (삼성전자)

현금·현물배당 결정
1. 배당구분　　　　　　　　　결산배당
2. 배당종류　　　　　　　　　현금배당
 - 현물자산의 상세내역　　　 -
3. 1주당 배당금(원)　보통주식　　　　　　　　1,932
　　　　　　　　　　종류주식　　　　　　　　1,933
 - 차등배당 여부　　　　　　 미해당
4. 시가배당율(%)　 보통주식　　　　　　　　2.6
　(배당수익률)　　종류주식　　　　　　　　2.7
5. 배당금총액(원)　　　　　　　　13,124,259,877,700
6. 배당기준일　　　　　　　　　　2020-12-31
7. 배당금지급 예정일자　　　 -
8. 주주총회 개최여부　　　　 개최
9. 주주총회 예정일자　　　　 -
10. 이사회결의일(결정일)　　　　　2021-01-28
 - 사외이사 참석여부　참석(명)　　　　　6
　　　　　　　　　　 불참(명)　　　　　0
 - 감사(사외이사가 아닌 감사위원) 참석
11. 기타 투자판단과 관련한 중요사항
 - 상기 내용은 외부감사인의 감사결과 및 주주총회 승인과정에서 변경될 수 있음.

 - 금번 결산배당은 기존 결산 배당금(보통주 주당 354원, 우선주 주당 355원)에,
　'18~'20년 주주환원 정책에 따른 잔여재원이 발생하여
　특별배당금 성격의 1,578원을 더하여 실시함.

 - 상기 3, 4항의 종류주식은 우선주를 의미함.

 - 상기 4항의 시가배당율은 배당기준일 전전거래일(배당부 종가일)부터 과거 1주일간의
　거래소시장에서 형성된 최종가격의 산술평균가격에 대한 1주당 배당금의 비율임.

 - 상기 7, 9항의 주주총회 예정일자는 미정이며, 배당금지급 예정일자는
　상법 제464조의2에 의거, 주주총회일로부터 1개월 이내에 지급 예정임.

 - 상기 10항의 감사는 감사위원회 위원을 의미함.
※ 관련공시　　　　-

06 자본금 변동 : 증자와 감자

　기업의 자본금은 항상 일정금액 이상 유지되는 것은 아니고 경우에 따라 증가할 수 있고 감소할 수도 있다. 자본금이 증가하는 것을 증자라 하고 감소하는 것을 감자라고 한다. 이때의 자본금은 납입자본금(액면가 기준 금액)을 의미한다.

1. 유상증자/무상증자

　기업이 계속 성장하기 위해 신규투자를 하거나 새로운 사업에 진출하는 경우 자금이 소요되므로 자금을 조달해야 하는데 금융기관으로부터 차입할 수 있고 주주로부터 자금을 조달할 수도 있다. 주주로부터 추가로 자금을 조달하면 납입자본금이 증가한다.

　증자에는 주주가 추가로 돈을 더 납입하는 유상有償증자와 돈의 납입이 없는 무상無償증자 두 가지가 있으며 자본금 증가로 발행주식수가 증가한다는 특징이 있다.

1) 유상증자

　주주가 현금으로 자금을 납입하므로 자본금이 증가하면서 현금자산이 증가한다.

　유상증자로 납입자본금이 2,000원 증가한다면 자산(현금) 2,000원과 자본금 2,000원이 증가하여 자본총계는 6,000원으로 증가한다.

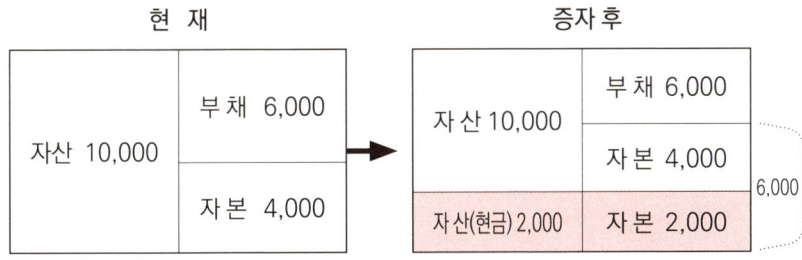

유상증자 예시〉
유상증자 발행가액은 세 종류가 있다.

① 액면발행 → 발행가액 = 액면가액 : 차액 발생 없음
② 할증발행 → 발행가액 〉 액면가액 : 차액인 '주식발행초과금'은 '자본잉여금'으로 분류
③ 할인발행 → 발행가액 〈 액면가액 : 차액인 '주식할인발행차금'은 '자본조정'으로 분류

※ 액면가액 : 주식발행 기준가액, 발행가액 : 주주가 실제 납입하는 금액

할증발행 예시〉
주식회사 푸드나무는 2018년 5월 16일 유상증자를 하였다.
- 액면가액 : 1주당 500원
- 발행가액 : 1주당 10,000,000원
- 보통주 200주 발행 : 신한금융투자 100주, 산은캐피탈 100주씩 각각 인수

증자로 현금 20억원이 증가하면서 납입자본금은 단 10만원이었다.
주식발행초과금은 19억 9,990만원이었다.

현 금 2,000,000,000	자 본 금 100,000 주식발행초과금 1,999,900,000

푸드나무의 유상증자는 발행가액이 액면가액의 20,000배였으며 주식발행초과금 크기가 가장 컸던 전무후무한 사례일 것이다.

2) 무상증자

현금 납입 없이 납입자본금이 증가하는 경우인데 대표적으로 '준비금의 자본전입'으로 자본금이 증가한다. 즉 기존의 이익잉여금이 자본금으로 바뀌면서 납입자본금이 증가한다.

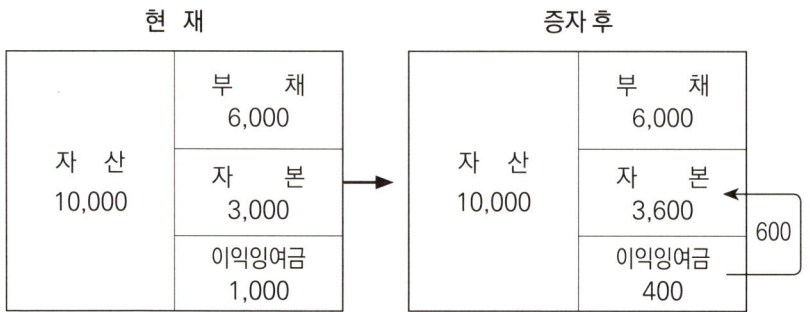

현재 자본총계는 4,000원(자본금 3,000원, 이익잉여금 1,000원)인데 이익잉여금 1,000원 중 600원이 자본금으로 전입된다면 납입자본금은 3,600원, 이익잉여금은 400원이 되어 자본총계는 4,000원으로 변동 없다.

주식배당의 경우 증자로 분류하지 않지만 배당금을 주식발행하여 지급하므로 무상증자와 동일한 효과가 발생한다.

위의 예에서 이익잉여금의 당기순이익 중 600원을 주식배당금으로 지급한다면 무상증자와 동일한 결과가 될 것이다.

2. 증자는 독일까 약일까

1) 유상증자

(1) 주당이익의 변동

증자하게 되면 발행주식수가 늘어나므로 주당이익(EPS)이 낮아질 가능성이 높다.

$$\text{주당이익(EPS)} : \frac{\text{보통주귀속당기순이익}}{\text{가중평균유통보통주식수}}$$

물론 분모의 발행주식수 증가보다 유상증자로 분자의 당기순이익이 더 많이 증가하면 주당이익이 높아질 수 있지만…

(2) 주가의 변동

유상증자하면 현재의 권리부주가에서 증자받을 권리가 떨어지는 권리락 주가가 되기 때문에 주가가 하락하게 된다.

예시 A사의 납입자본금은 100억원(액면가액 5,000원, 발행주식수 2,000,000주), 당기순이익은 150억원이다.

A사는 현재 주가 75,000원이고 유상증자 50%(발행가액 50,000원)를 한다.

① A사의 주당이익(EPS) : $\dfrac{150억원}{200만주}$ = 7,500원

현재 주당이익 7,500원을 유지하기 위해서는 당기순이익 역시 유상증자 비율만큼 증가해야 한다.

증자 후 주당이익(EPS) : $\dfrac{x}{300만주}$ = 7,500원

x = 300만주 × 7,500원 → 225억원(현재 대비 50% 증가)

② 권리락주가(1주 기준) : $\dfrac{75,000 + 25,000(50,000 \times 50\%)}{1주 + 0.5주}$ = 66,667원

유상증자가 공시되면 유상증자 자금을 어디에 사용할지… 이익에 얼마나 기여할지 잘 분석해야 한다.

만약 당기순이익 증가율이 자본금 증가율보다 높다면 주당이익(EPS)은

증가하므로 좋지만 일반적으로 그렇지 못한 경우가 많다. 따라서 권리락주가를 계산하고 향후 주가변동을 예측해야 한다.

일반적으로 증권시장이 호황일 때 주식수 증가는 약(호재)이지만 증권시장이 약세일 때는 독(악재)이다.

2) 무상증자

① 주당이익 변동 : 무상증자는 자본금 증가로 현금유입이 없기 때문에 유상증자보다 더 크게 주당이익이 낮아진다.

② 주가 변동 : 무상증자하면 현재의 권리부주가에서 증자받을 권리가 사라져(권리락) 주가는 크게 하락한다.

무상증자 역시 증권시장이 호황일 때는 주식수 증가가 호재이지만 증권시장이 침체되어 있는 경우에는 악재이다.

3. 감자

감자(減資)도 주주에게 자본금을 환급해 주는 유상감자와 무상감자가 있으나 기업은 계속 기업으로 성장해야 하므로 현실적으로 유상감자가 발생하는 경우는 거의 없으며 대부분 결손보전을 위한 무상감자이다.

1) 결손보전

결손이 발생한다는 것은 버는 돈 수익보다 쓴 돈 비용이 더 많은 경우이며, 결손이 누적되어 자본잠식이 되면 주주가 당초 납입하였던 자본금으로 결손을 충당하는 것이 결손보전이다.

이 경우 주주는 유한책임이므로 자본금으로 다 충당하지 못하더라도 납입한 자본금만큼만 돈을 날리고 더 납입하는 것은 아니다.

2) 무상감자

주주가 납입하였던 자본금으로 결손을 보전하기 위하여 주주의 주식수를 줄여 자본금을 감소시킨다.

3) 무상감자와 주가

결손이 발생하여 감자하면 감자하기 전과 감자 직후는 순자산 변동이 없으나 주식수가 줄어들어 주가는 감자비율만큼 상승한다.

예시 아시아나항공의 경우 결손금을 보전하기 위해 2020년 12월 23일 기준으로 3:1의 감자를 하였다. 3:1이라는 말은 보유주식수를 1/3로 줄인다는 뜻이다.

12월 23일 주가는 4,210원이었으며 감자 후 2021년 1월 15일 주가는 이론적으로 4,210원×3 = 12,630원이다.

4,210원 × 3주 = 12,630원 × 1주

즉 발행주식수가 감소했기 때문에 1주당 가격은 감소비율만큼 증가하게 된다.

07 자본잠식과 결손보전

1. 주주자본 구조

주식회사의 자본은 크게 주주가 납입한 자본과 경영활동상 이익을 창출하여 벌어들인 이익잉여금(또는 손실의 경우 결손금)으로 구성된다.

1) 주주납입자본

주주가 실제 출자납입한 금액으로 자본금과 자본잉여금으로 구성된다.

주주가 납입한 자본금 중 액면가액에 해당하는 금액이 자본금이며 자본잉여금(주식발행초과금)은 주주가 납입한 자본금 중 액면가액을 초과하는 금액이다.

2) 이익잉여금

경영활동으로 벌어들인 이익 중 주주에게 지급한 배당금을 차감한 후(매년 당기순이익 – 매년 주주배당금 지급액) 지금까지 누적된 잉여금액이다.

3) 결손금

결손금은 경영활동에서 현재까지 발생한 손실금액의 누적금액이다.

따라서 주주자본 전체 금액은 '자본금＋자본잉여금＋이익잉여금'으로 구성된다. 다만 손실로 인한 결손금이 있을 경우에는 '자본금＋자본잉여금－결손금'이 된다. 전체 주주자본금액은 자본총계, 순자산(또는 순자본), 자기자본 등으로 불린다.

4) 이익 또는 손실 발생과 자본의 관계

(1) 이익이 발생하는 경우

매년 이익이 발생하면 '이익잉여금'으로 누적되어 증가하고 전체 주주자본은 증가한다. 누적 이익잉여금을 통상 '사내유보금'이라고 한다.

예시 21년 말 자본금 10,000원, 자본잉여금 3,000원이며 21년 당기순이익 2,000원이고 이 중 주주배당금 지급액이 1,200원이라면 21년 말 전체 주주자본인 자본총계는 10,000(자본금)+3,000(자본잉여금)+(2,000 - 1,200)(이익잉여금) = 13,800원(자본총계)이다.

이 상태에서 22년 당기순이익이 2,500원, 배당금 지급액이 1,400원이라면 22년 말 자본총계는 21년 금액에서 누적되어 10,000(자본금)+3,000(자본잉여금)+(800+2,500 - 1,400)(이익잉여금) = 14,900원이다.

(2) 손실이 발생하는 경우

손실이 발생하면 '결손보전'하고 전체 주주자본은 감소한다.

예시 21년 말 자본금 10,000원, 자본잉여금 3,000원이며 21년 당기순이익 2,000원이고 이 중 주주배당금 지급액이 1,200원이라면 21년 말 전체 주주자본인 자본총계는 10,000(자본금)+3,000(자본잉여금)+(2,000 - 1,200)(이익잉여금)=13,800(자본총계)원이다.

이 상태에서 22년 당기순손실이 500원이라면 결손으로 인하여 배당금은 지급할 수 없으며 22년 말 자본총계는 10,000(자본금)+3,000(자본잉여금)+800(이익잉여금) - 500(결손금)=13,300원이다.

물론 전체 주주자본도 손실금액만큼 감소한다.

2. 자본잠식

자본잠식이란 경영활동상의 영업손실로 주주가 출자한 주주자본금이 잠식되는 것이다(潛 : 잠길 잠, 蝕 : 좀먹을 식).

일반적으로 기업은 경영활동을 통하여 당기순이익을 창출하며 당기순이익 중 주주배당금을 차감한 금액인 '이익잉여금'은 사내에 적립되어 '사내유보금'으로 나타난다.

그러나 경영활동에서 당기순손실이 발생하면, 즉 수익(번 돈)보다 비용(쓴 돈)이 많으면 부족분(손실) 금액인 '결손금'은 그동안 벌어들인 이익잉여금으로 충당하되 (이를 '결손보전(缺損補塡)'이라 한다) 그래도 부족하면 경영 최종 책임자인 주주가 납입한 자본금으로 충당할 수밖에 없으므로 주주자본금 잠식현상이 발생한다.

1) 자본잠식 과정

자본잠식 과정을 살펴보면 다음과 같다.

(1) 누적된 이익잉여금이 없는 경우

좀 드물지만 기업 설립 이후 다음 연도에 당기순손실이 발생하면 누적된 이익잉여금이 없기 때문에 손실금액만큼 자본금이 감소되어 자본잠식이 된다.

(2) 누적된 이익잉여금이 있는 경우

과거의 당기순이익 발생으로 누적된 이익잉여금이 있는 경우 당기순손실이 발생하면 누적된 이익잉여금에서 먼저 손실금액을 충당한다.

① 누적 이익잉여금(예, 1,000원) 〉 당기순손실 (예, 600원)인 경우

결손금(600)을 이익잉여금(1,000)으로 보전하고도 이익잉여금이 400(1,000-600)이 남으므로 자본잠식이 없다.

② 누적 이익잉여금(예, 1,000원)〈당기순손실(예, 1,200원)인 경우

결손금(1,200)을 이익잉여금(1,000)으로 보전하더라도 −200(1,000−1,200)의 결손금이 남아 주주자본금으로 보전해야 하므로 200원 자본잠식이 된다.

2) 자본잠식 종류

자본잠식은 주주자본금으로 어느 정도 충당하느냐에 따라 부분자본잠식과 완전자본잠식으로 나누어진다.

① 부분자본잠식은 자본금 일부 금액만 잠식된 상태이며 자본총계는 여전히 (+) 금액이지만 자본총계가 자본금보다 적다(예, 자본금(10,000)〉자본총계(9,300)).

② 완전자본잠식은 자본금 전체 금액이 잠식된 상태이며 자본총계 금액이 (−)로 부채가 자산보다 많다(예, 부채(12,000) 자산(10,000)). 따라서 자본잠식 상태에서는 감자(자본금감소)하여 주주가 납입한 자본금으로 상쇄하게 되는데 이것이 무상감자에 의한 결손보전이다.

3. 결손보전

손실이 발생한 경우 이익잉여금과 결손금을 각각 별도 표시하지 않고 결손금을 과거의 이익잉여금으로 메꾸는 개념(결손보전)으로 기록하기 때문에 손실금액만큼 이익잉여금에서 차감한 후 순액으로 표시한다.

만약 22년 결손금액이 500원이라면 22년 말 자본총계는 10,000(자본금) +3,000(자본잉여금)+300(800-500) (이익잉여금) = 13,300원이 된다.

이렇게 손실이 발생한 경우 주주자본으로 메꾸는 것을 '결손보전'이라고 한다.

1) 결손보전 순서

결손금은 다음과 같은 순서로 가장 강제성이 없는 주주자본부터 순차적

으로 보전한다.
① 이익잉여금(임의적립금)
② 이익잉여금(법정적립금)
③ 자본잉여금
④ 자본금

결손보전 예시를 살펴보면 다음과 같다.

예시 1 21년 말 자본총계 - 자본금 10,000원
- 자본잉여금 3,000원
- 법정적립금 500원
- 임의적립급 300원 계 13,800원

① 22년 당기순손실이 200원인 경우는 임의적립금 300원에서 200원 보전한다(자본금 10,000 + 자본잉여금 3,000 + 법정적립금 500 + 임의적립금 100 = 자본총계 13,600).

② 22년 당기순손실이 700원인 경우는 임의적립금 300원과 메꾸고 나머지는 법정적립금 400원으로 보전한다(자본금 10,000 + 자본잉여금 3,000 + 법정적립금 100 = 자본총계 13,100).

③ 22년 당기순손실이 1,500원인 경우는 임의적립금 300원, 법정적립금 500원, 자본잉여금 700원으로 보전한다(자본금 10,000 + 자본잉여금 2,300 = 자본총계 12,300).

④ 22년 당기순손실이 4,800원인 경우는 임의적립금 300원, 법정적립금 500원.

자본잉여금 3,000원으로 보전하고 자본금으로는 보전하지 않으나 부분 자본잠식 상태가 된다(자본금 10,000원-결손금 (-) 1,000원 = 자본총계 9,000원).

⑤ 22년 당기순손실이 15,000원인 경우는 임의적립금 300원, 법정적

립금 500원, 자본잉여금 3,000원으로 보전하고 자본금으로는 보전 기록하지 않으나 완전자본잠식 상태가 된다(자본금 10,000. 결손금 (-) 11,200원 = 자본총계 (-) 1,200).

따라서 ④, ⑤가 되는 경우 주주자본금이 일부 또는 전부 잠식되었으므로 주주총회에서 감자를 결의하여 납입자본금을 감소시키는데 이것이 무상감자(주주에게 반환금액 없음)이다.

4. 아시아나항공(4,210원)과 SK하이닉스(135원) 감자 사례

1) 아시아나항공(2020년 감자)

〈아시아나항공 재무상태표〉

구 분	2019.12.31.	2020.09.30.
자 산 총 계	12조 138억원	11조 9,915억원
부 채 총 계	11조 3,788억원	11조 5,256억원
자 본 총 계	6,339억원	4,739억원
(자 본 금)	(1조 1,161억원)	(1조 1,161억원)
결 손 금	(1조 925억원)	(1조 5,498억원)
자 본 잠 식①	4,822억원	6,423억원
자 본 잠 식 률②	43.2%	57.5%

(주) ① 자본잠식 : 자본금 - 자본총계, ② 자본잠식률 : 자본잠식 ÷ 자본금

아시아나항공의 경우 2020.9.30. 현재 자본총계 4,739억원, 납입자본금 1조 1,161억원 대비 6,423억원 자본잠식(자본잠식률 57%)되어 그동안의 손해를 주주가 납입하였던 자본금으로 충당하는 무상감자를 했다(감자비율 66.7%, 즉 100주 가진 주주는 33.3주가 됨).

- 20.11.03. 이사회 결의
- 20.12.14. 임시주주총회 승인
- 20.12.23. 주식거래 정지, 종가 4,210원

- 21.01.15. 주식거래를 재개하였으나 감자 후 이론 주가는 12,643원 (4,210원÷33.3%)이었다.
- 21.01.15. 시초가는 18,000원이었으며 20,400원까지 올랐다가 종가는 18,000원이었다.

2) SK하이닉스 (당시 하이닉스반도체)

〈SK하이닉스 - 2003년 감자〉

구 분	2001.12.31.	2002.12.31.	2003.03.31.
자 산 총 계	12조 42억원	9조 6,368억원	8조 3,925억원
부 채 총 계	6조 7,618억원	4조 5,133억원	4조 3,004억원
자 본 총 계	5조 2,424억원	5조 1,234억원	4조 920억원
(자 본 금)	(5조 737억원)	(26조 2,175억원)	(1조 2,652억원)
결 손 금	7조 2,611억원	9조 2,059억원	-
자 본 잠 식	-	21,094.079	-
자본잠식률	-	80.5%	-

SK하이닉스의 경우 재무구조 정상화를 위해 2002년 6월 30일 채권단 보유의 전환사채를 출자전환하여 자본금이 4조 8,220억원에서 26조 2,175억원으로 되었다가 결손보전을 위해 2003년 3월 31일 자로 21주를 1주로 하는 무상감자를 하였다(감자비율 96.3%, 100주가 4.8주가 됨).

- 03.03.26. SK하이닉스 주가 135원으로 거래정지
- 03.04.14. 거래 재개 시 시초가 3,045원(이론주가 2,840원)이었으며 종가는 3,500원이었고 이후 3일 연속 상한가 기록

아시아나항공과 SK하이닉스에서 보는 바와 같이 감자하기 전에는 결손누적으로 기업가치(주가)는 계속 하락하지만 감자 이후 결손금을 모두 충당했기 때문에 기업의 향후 업종전망이 크게 나쁘지 않는 한 기업가치(주가)는

상승하는 것이 일반적이라고 할 수 있다. 즉 감자 훨씬 이전의 주주는 많이 손해 보았지만 감자 직전 주주에게는 더 유리할 수 있다.

 이것은 개인도 빚잔치하고 난 후 어깨가 가벼워 더 열심히 일할 수 있는 것과 같은 이치이다.

08 권리부주가와 권리락주가 계산

여기서 권리는 자본금증가 시 유무상증자에 참여할 수 있는 자격을 말한다. 권리부權利附는 증자기준일 이전 유무상증자 권리가 붙어 있다는 의미이고 권리락權利落은 증자기준일 이후 권리가 떨어졌다(없어졌다)는 의미이다.

권리부주가와 권리락주가는 권리가치만큼 주가 차이가 발생한다.

예시 1 (유상증자) A사의 1주 액면가액 5,000원, 증자 직전 주가(권리부주가) 20,000원, 1주 발행가액 15,000원으로 50% 유상증자한다고 할 때 유상증자 비율은 기발행 주식수에 대한 발행주식수 비율이므로 50%라면 1주당 0.5주로 발행하는 것이며 납입금액도 발행가액에 유상증자 비율을 곱하여 계산한다.

- 권리부주가 : 20,000원

권리락주가(1주 기준으로 산정) 계산은 다음과 같다.

분자에는 증자 후의 재산가치가액을 계산하고 분모에 증자 후의 주식수로 나누어 다음과 같이 계산한다.

$$\frac{20{,}000원(현재\ 주가) + 7{,}500원(유상증자\ 납입금액(15{,}000 \times 50\%))}{1주 + 0.5주(추가주식수,\ 1주 \times 50\% = 0.5주)} = 18{,}333원$$

예시 2 (무상증자) A사의 1주 액면가액 5,000원, 증자 직전 주가(권리부주가) 20,000원, 50% 무상증자한다고 할 때 무상증자 비율 역시 발행교부주식수는 기발행 주식수에 무상증자 비율을 곱하여 계산하지만 납입금액은 없다.

- **권리부주가 : 20,000원**

권리락주가(1주 기준으로 산정) 계산은 다음과 같다.

$$\frac{20{,}000원(현재\ 주가) + 0원(무상증자로서\ 납입금액\ 없음)}{1주 + 0.5주(추가주식수,\ 1주 \times 50\% = 0.5주)} = 13{,}333원$$

09 투자수익률 계산

주식투자로 얻을 수 있는 수익은 배당금수익과 자본이득(시세차익) 두 가지를 합친 금액이다.

투자수익 = 배당금 + 자본이득

(주) 배당금 : 현금배당금 + 주식배당금, 자본이득 : 시세차익

1) 투자수익률

투자금액에 대한 투자수익(배당금 + 시세차익) 비율

$$투자기대수익률 = \left(\frac{예상배당금}{현재주가(매입가액)} \times 100\right) + \left(\frac{예상주가 - 현재주가}{현재주가(매입가액)} \times 100\right)$$

2) 투자수익률 계산 예시

- 현재주가(매입가격) : 55,000원
- 배당예상금액 : 1,000원
- 1년 후 예상주가 : 62,000원일 경우

$$투자기대수익률 = \left(\frac{1,000}{55,000} + \frac{62,000 - 55,000}{55,000}\right) \times 100$$

$$= 1.82\%(배당수익률) + 12.73\%(자본이득률) = 14.55\%$$

3) 투자수익률의 활용사례 예시

〈A주식 투자수익 예상액〉

구 분	예상배당금			처분예상액
	Y_1(1년 후)	Y_2(2년 후)	Y_3(3년 후)	Y_3(3년 후)
금 액	2,000원	2,000원	2,500원	30,000원

① 투자자의 요구수익률이 20%일 경우 A주식가치는 얼마인가?
매년의 현금수입액을 20% 복리로 나누면 된다.

$$A주식가치(P_0) = \frac{2,000}{(1+0.2)^1} + \frac{2,000}{(1+0.2)^2} + \frac{2,500}{(1+0.2)^3} + \frac{30,000}{(1+0.2)^3} = 21,863$$

(해설) 위의 현금수입 예상액에 대해 A주식을 현재 21,863원에 매수하면 연수익률이 20%라는 의미이고, 수익률 20% 이상을 원한다면 21,863원보다 싸게 매수해야 한다는 뜻이다.

② B사의 주가가 2년 후 50,000원이 될 것으로 예상된다. 은행에서 연 12%로 빌려 B주식을 매수한다면 얼마에 매입해야 하는가?

$$B주식, \frac{50,000}{(1+0.12)^2} = 39,860원$$

B주식을 현재 39,860원에 매수하여 2년 후 50,000원에 매각한다면 은행이자 연 12%를 주고 나면 본전이고 39,860원보다 낮게 매입하면 이익을 보지만 39,860원보다 높게 매입하면 이자를 주고 나면 손실이라는 뜻이다. 즉 39,860원이 손익분기점이다.

10 사업결합과 기업분할

1. 사업결합과 영업권

사업결합은 취득자(지배기업)가 피취득자(종속기업)의 지분을 50% 이상 취득하여 지배력을 획득하는 것이며 합병과 주식인수 두 가지 형태가 있다.

1) 합병

법적으로 독립된 2개 이상의 기업이 법적으로 하나의 기업으로 통합하는 형태의 사업결합이다.

2) 주식인수

한 기업이 다른 기업의 주식 전부 또는 과반수 이상을 획득하여 지배력을 확보하는 형태의 사업결합이다.

사업결합 시 종속기업 지분을 인수할 때 계정과목은 '종속기업투자주식'이다. 예를 들어, 사업결합은 A사가 B사의 지분을 100% 인수한다고 할 때 B사 재산의 공정가치가 자산 10,000원, 부채 6,000원이라면 다음과 같이 된다.

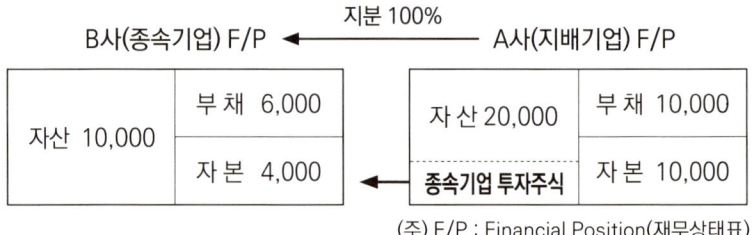

(주) F/P : Financial Position(재무상태표)

취득 대가로 얼마를 지급하느냐에 따라 세 가지 결합 형태가 있다.

① A사가 B사 주주에게 대가로 4,000원(이전대가) 지급하는 경우에는 차액 발생이 없다.

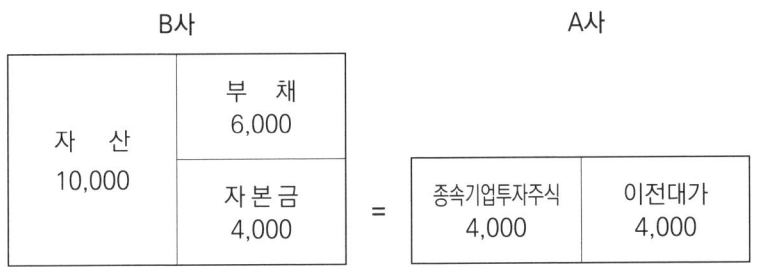

② A사가 B사 주주에게 대가로 5,000원(이전대가) 지급하는 경우에는 B사의 초과수익력이 있다고 판단하여 공정가치보다 비싸게 매입하는데 이 차액이 영업권(웃돈, 프리미엄)이다.

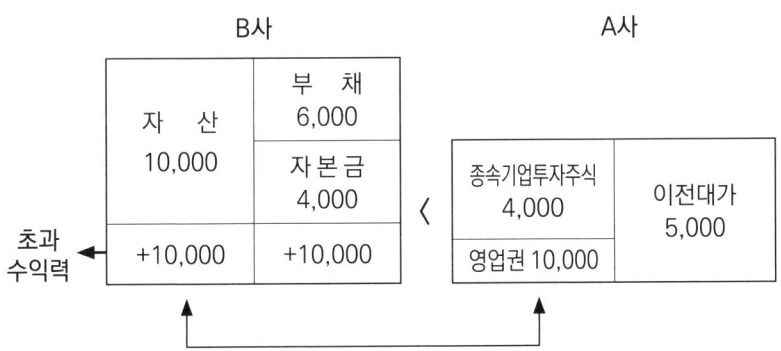

③ A사가 B사 주주에게 대가로 3,500원(이전대가) 지급하는 경우에는 B사를 사양화되고 있는 사업이라 판단하여 공정가치보다 싸게 취득하여 염가매수 차익만큼 부(-)의 영업권이 발생하여 이익으로 반영한다.

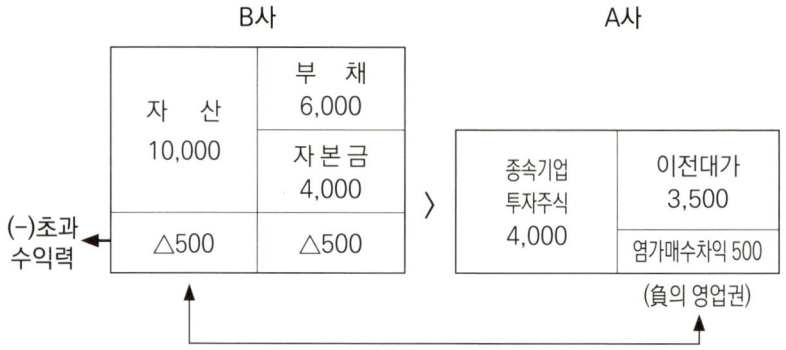

2. 기업분할

1) 기업분할 의의

분할회사가 경영전략에 따라 특정사업부 또는 특정사업을 별도의 회사를 설립(이를 분할신설이라 한다)하여 일부 자산·부채를 분할신설회사에 포괄적으로 이전하는 것이다.

① 분할회사 : 분할 시 해당 자산·부채를 포괄이전하는 회사(예 : LG화학)

② 분할신설회사 : 분할 시 해당 자산·부채를 포괄이전받는 회사(예 : LG하우시스, LG에너지솔루션)

2) 기업분할 형태

① 물적 분할 : 분할로 발행되는 분할신설회사의 주식을 분할회사가 100% 소유하는 분할 형태로, 분할회사의 주주는 분할신설회사의 주식을 소유하지 않고 그대로 분할회사의 주주가 된다.

② 인적 분할 : 분할로 발행되는 분할신설회사의 주식을 분할회사의 주주에게 비례적으로 배분하는 형태로, 분할회사의 주주는 주식비율로 분할신설회사의 주주가 된다.

3) 기업분할 형태 예시

A사의 F사업을 사업분할하는데 F사업의 자산·부채의 공정가치가 각각 3,000원, 1,800원이라고 할 때 다음과 같이 기업분할된다.

분할신설회사의 자본 1,200원(자산 3,000원 - 부채 1,800원)은 물적 분할의 경우 분할회사가 100% 보유하며 인적 분할의 경우 자본 1,200원은 분할 전 분할회사의 주주에게 비례대로 배분된다.

인적 분할의 경우 예를 들어, A주주가 분할회사의 지분 5%를 보유하고 있었다면 분할신설회사의 자본 1,200원에 대해서도 5%의 지분을 갖는다. 따라서 분할되는 회사의 미래전망이 좋을 경우 기존 주주들은 인적 분할을 더 선호한다.

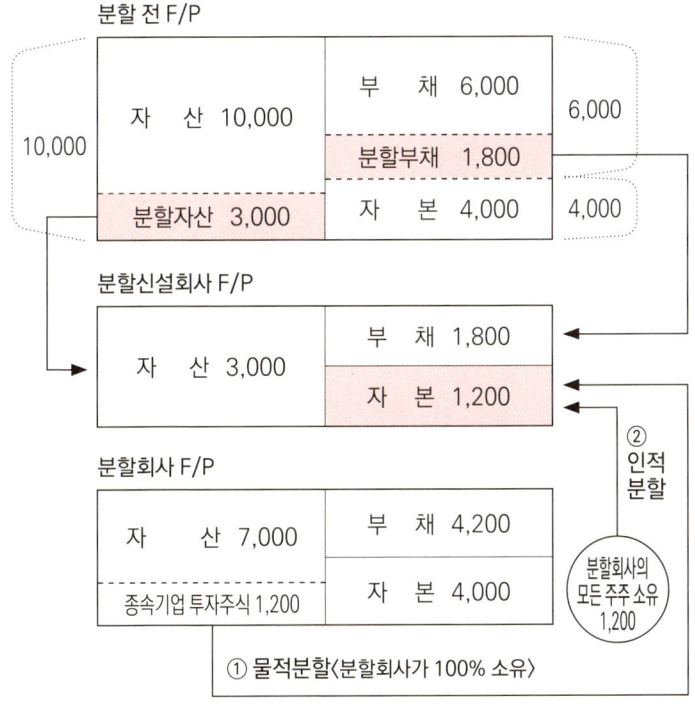

2020년 9월 LG화학은 전기차 배터리 사업부문을 물적 분할한다고 발표

했을 때 LG화학 주주들은 향후 유망할 것으로 판단되는 분할신설회사(현 LG 에너지솔루션) 주식을 소유하지 못하기 때문에 실망투매로 주가가 726,000원에서 611,000원으로 16% 정도 하락했다.

11 지분법 평가

1. 관계기업

투자기업이 피투자기업에 유의적인(중대한) 영향력을 행사할 경우 관계기업이라 하고 지분법으로 평가한다. 유의적인 영향력을 행사하는 것은 피투자기업의 중요한 재무정책이나 영업정책의 의사결정에 참여할 수 있는 능력을 의미하며 지분율 20% 이상이면 중대한 영향력을 행사하는 것으로 본다.

관계기업 지분을 보유하는 경우 계정과목은 '관계기업투자주식'이며 지분율은 20~50%이다. 지분율 50% 이상이면 '종속기업투자주식'이다.

2. 지분법(Equity method)

지분법은 지분취득 시 최초 원가로 인식하고 취득일 이후 '관계기업투자주식' 평가는 피투자기업의 순자산변동액에 투자기업 지분에 해당하는 금액을 '관계기업투자주식'에 가감하여 평가하는 방법이다.

순자산 변동액은 그 원천에 따라 회계처리하며 순자산 변동액이 관계기업의 당기순이익 증감이라면 투자기업의 지분법 손익(영업외수익)으로 투자기업의 당기순이익이 증감된다.

지분법 평가 예시 A사는 B사의 지분 40%를 보유하고 있다(관계기업투자주식 1,600원임). 2021년 B사의 순자산변동액이 3,000원인데 3,000원은 B사의 당기순이익으로 2,000원 변동, 기타포괄손익으로 1,000원 변동이라면 다음과 같이 처리한다.

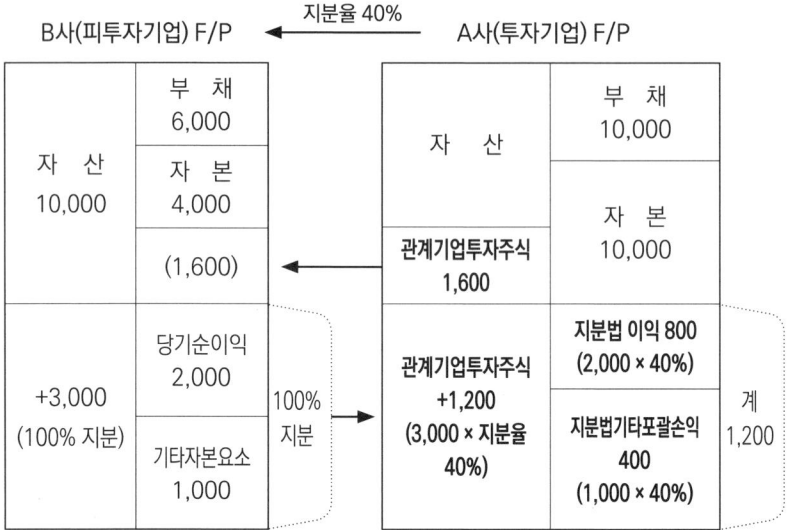

순자산변동액 3,000원은 100% 지분에 대한 금액이므로 A사는 이 금액 40%에 해당하는 순자산변동액만 반영해야 한다. 즉 투자기업의 관계기업투자주식 가치가 1,200원(3,000×40%) 증가되면서 반대쪽에는 지분법 이익으로 800원, 기타 400원으로 증가하게 된다.

12 주식투자 재무 레버리지 효과

레버리지Leverage는 지렛대에 의한 손익확대효과이다. 증권투자에서는 증거금 비율에 따른 손익확대효과이고, 일반적 기업에서는 고정비 크기에 따른 손익확대효과이다.

1. 투자손익 레버리지

예를 들어, A사 주식 10주를 @ 10,000원에 매수하여(매수금액 10주 × @10,000 = 100,000원) @11,000원에 매도하였다면(매도금액 10주 × @11,000 = 110,000원) 매매차익은 10,000원이다.

이 경우 세 가지 거래형태별 손익을 비교하면 다음과 같다.

〈매매거래내역〉

구 분	현금거래	신용거래	선물거래
매 도 금 액	110,000	110,000	110,000
매 수 금 액	100,000	100,000	100,000
매 매 차 익	10,000	10,000	10,000
매매수익률	10.0%	10.0%	10.0%
증 거 금	100,000	40,000	15,000
(%)	(100%)	(40%)	(15%)
투자수익률	10.0%	25.0%	66.7%

(주) 증거금비율(증거금/매수금액) : 현금거래 100%, 신용거래 40%, 선물거래 15%로 전제함

세 가지 거래 모두 100,000원에 매수하고 110,000원에 매도하여 매매차익은 10,000원(10%)으로 같으나 투자수익률은 현금거래일 경우 10.0%이지

만 신용은 25.0%, 선물거래는 66.7%로 증거금 투자 대비 이익은 2.5배, 6.7배로 확대되는데 이것이 레버리지 효과이다.

반면 손실을 보면 손실도 확대된다.

A사 주식 10주를 @10,000원에 매수하여 @8,000원에 매도하였다면 매수금액 100,000원(10주 × @10,000 = 100,000원)이고 매도금액은 80,000원(10주 × @8,000 = 80,000원)이며 매매차익은 (-)20,000원이 된다.

〈매매거래내역〉

구 분	현금거래	신용거래	선물거래
매 도 금 액	80,000	80,000	80,000
매 수 금 액	100,000	100,000	100,000
매 매 차 익	(-)20,000	(-)20,000	(-)20,000
매 매 수 익 률	(-)20.0%	(-)20.0%	(-)20.0%
증 거 금	100,000	40,000	15,000
(%)	(100%)	(40%)	(15%)
투 자 수 익 률	(-)20.0%	(-)50.0%	(-)133.3%

(주) 증거금비율(증거금/매수금액) : 현금거래 100%, 신용거래 40%, 선물거래 15%로 전제함

매매차익은 (-)20,000원으로 같지만 투자수익률은 현금거래 (-)20.0%, 신용거래 (-)50.0%, 선물거래 (-)133.3%로 매매손실율이 확대된다.

이것이 레버리지이며 신용거래, 선물거래는 현금거래 대비 손익이 확대되는 위험을 내포하고 있다.

2. 영업손익 레버리지

일반적인 기업의 영업활동손익도 고정비에 의한 손익확대효과가 나타난다.

⟨영업손익구조⟩

구 분	금 액	%
매 출 액	10,000	100.0
(△) 변 동 비	6,000	60.0
한 계 이 익	4,000	40.0
(△) 고 정 비	3,000	30.0
영 업 이 익	1,000	10.0

(주) 변동비 : 재료비, 외주가공비, 포장비, 판매수수료 등 1개 더 팔면 더 들어가는 비용
　　 고정비 : 인건비, 감가상각비 등 판매량에 관계없이 일정하게 발생하는 비용

　예를 들어, 현재 상태에서 매출액이 10%인 1,000원이 증가한다면 영업이익은 영업이익률 10%인 100원이 증가된다거나 매출액이 20%인 2,000원 감소한다면 영업이익은 영업이익률 10%인 200원 감소하는 것이 아니라 실제로는 고정비를 제외한 한계이익률만큼 증감된다. 즉 매출액 1,000원이 증가하면 영업이익은 400원(1,000원×40% = 400원) 증가되고 매출액 2,000원이 감소한다면 800원(2,000원×40% = 800원) 감소되는데 이것 역시 고정비가 지렛대 역할을 하여 손익이 확대되는데 이것 역시 레버리지이다.

⟨영업손익변화⟩

구 분	현재		매출 10% 증가		매출 20% 감소	
	금 액	%	금 액	%	금 액	%
매 출 액	10,000	100.0	11,000	100.0	8,000	100.0
(△) 변 동 비	6,000	60.0	6,600	60.0	4,800	60.0
한계이익	4,000	40.0	4,400	40.0	3,200	40.0
(△) 고 정 비	3,000	30.0	3,000	27.3	3,000	37.5
영업이익	1,000	10.0	1,400	12.7	200	2.5

400원 증가　　800원 감소

　따라서 기업재무에서는 매출액 증감이 영업손익에 큰 영향을 미침을 알 수 있다.

13 기회비용과 매몰비용(목표수익률과 손절매)

1. 기회비용과 목표수익률

기회비용(opportunity cost)은 '다른 곳에 투자했을 때 얻을 수 있는 이익을 포기한 대가의 예상수익률'로 최소한 벌어들여야 할 수익률이다.

예를 들어, 예적금을 해약하고 주식투자 자금을 조달한다면 예적금이자율, 사업을 포기한 자금이라면 포기한 사업의 예상수익률, 빌려서 투자한다면 차입금이자율 등이 주식투자에 대한 기회비용이다.

주식투자 자금에 대한 기회비용은 자금조달에 대한 가중평균자본비용을 계산하여 적용한다.

예를 들어, 주식투자 자금 1,000,000원을 다음과 같이 조달하였다.

① 식당사업 투자자금 500,000원, 연수익률 12% 포기
② 적금 300,000원 해약, 연 예금이자율 5%
③ 신용대출 200,000원 빌림, 연 이자율 8%

이 경우 주식투자해서 최소한 벌어야 할 기회비용은 얼마인가?

가중평균자본비용을 계산하면 된다.

구 분	조달내역		기회비용	WACC
	금액	%		
식 당 철 수	500,000	50.0	12.0%	6.0%
적 금 깨 기	300,000	30.0	5.0%	1.5%
신 용 대 출	200,000	20.0	8.0%	1.6%
계	1,000,000	100.0	-	9.1%

(주) 주식투자로 최소한 기회비용 연 9.1% 이상이어야 손해를 안 본다는 의미이다. 만약

연수익률이 6~9% 등 9.1% 이하이면 주식투자에서는 손해 안 보았지만 기회비용을 고려하면 손해 본 것이다.

1) 기회비용의 특징
① 포기한 투자내용에 따라 기회비용은 다양하다.
② 포기한 투자 건이 여럿이라면 가장 큰 수익률이 기회비용이다.
③ 해보지 않은 투자에 대한 미래 추정 예상수익률이기 때문에 측정이 매우 어렵다.

2) 목표수익률
목표수익률에는 반드시 기회비용을 포함해야 한다.

> **목표수익률 = 기회비용 + 물가상승률 + 위험프리미엄**

즉 목표수익률에는 ① 최소한 벌어야 할 기회비용 ② 인플레이션에 따른 물가상승률 ③ 투자위험프리미엄을 포함해야 한다.

여기서 위험프리미엄은 무위험이자율(Rf. 5년 만기 국고채 수익률)에 종합주가지수 상승률이 무위험이자율을 초과하는 율을 가산하여 산정하며 과거 분석자료에 의하면 위험프리미엄은 5%P 정도가 적당하다.

투자자들은 주식매입 후 목표수익률이 달성되면 매도하는 것이 일반적이다.

3) 주식투자와 릴레이 경주
주식투자는 장거리 마라톤 경주가 아니고 릴레이 경주와 같다. 투자 격언에 '무릎에서 사고 어깨에서 팔라'는 말이 있다. 이 말은 발바닥에서 사고 머리끝에서 팔기 어렵다는 말이다.

예를 들어 A사 주식이 ○○년 1월 초 주당 10,000원이었는데 3개월 후 주당 30,000원이 되었다고 하자. 과연 10,000원에 매수하여 30,000원에 팔 수 있을까? 그렇다면 3개월간 수익률이 무려 200%이다. 물론 목표수익률을 200%로 설정했다면 가능할 수 있지만 현실적으로 불가능하다고 볼 수 있다.

1월 초 10,000원에 매수한 투자자는 13,000원 정도에 매도하고(수익률 30%), 이어서 13,000원에 매수한 투자자는 18,000원 정도에 매도하고(수익률 38%) 다음 투자자가 20,000원에 매수했다면 24,000원에 매도(수익률 20%), 25,000원에 매수한 투자자는 30,000원에 매도(수익률 20%)하는 게 일반적이다. 이와 같이 주식투자는 특정 개인이 10,000원에 매수하여 30,000원에 매도하는 마라톤이 아니고 각기 다른 사람이 각각 다른 가격에 매수하여 매도하는 릴레이경주와 같다. 목표수익률 개념이 있기 때문이다.

발바닥에서 매수한 투자자는 허리 높이에서 매도하고 허리 높이에서 매수한 투자자는 가슴 높이에서 팔고, 배꼽에서 매수한 투자자는 어깨에서 팔고 어깨에서 매수한 투자자는 이마 높이에서 매도하여 결과적으로 발바닥에서 매수하여 머리끝 매도로 이어지는 것이 주식투자이다.

2. 매몰비용과 손절매, 세일

매몰비용(sunk cost)은 매몰원가라고도 하며 이미 과거지출이 발생하여 현재시점에서 미래에 대한 의사결정 시 생각할(고려할) 필요 없는 '회수 불가능한 지출비용'이다. 주식투자에는 손절매(손실을 보더라도 매도하는 것)는 매몰비용 개념이 있기 때문이며 이치는 다음과 같다.

1) 손절매

예시 A는 P사 주식을 주당 20,000원에 100주 매입(20,000원×100주 = 2,000,000원)하였는데 현재 주가는 17,000원(15% 하락)이다. P사 주식을 계속 보유할 것인지 손실을 보더라도 지금 매도할 것인지 의사결정해야 한다. 이 경우 현재 17,000원에서 더 오를 것 같다면 보유할 것이고 더 하락이 예상된다면 손실폭을 줄이기 위해 매도 의사결정을 해야 한다.

의사결정 기준은 현재 가격 17,000원이며 당초 매입한 가격 20,000원은 전혀 고려할 필요 없는 매몰비용이다. 다행히 오를 것 같으면 오른 후 매도하겠지만 더 하락할 것 같으면 20,000원에 미련을 갖지 말고(본전 생각하지 말고) 300,000원의 손실(3,000원×100주)을 보더라도 17,000원에 손절매해야 한다.

(1) 손실 최소화

기업경영이든 주식투자든 이익을 극대화하는 것이 최선이지만 반드시 그렇게 되는 것이 아니므로 차선책을 강구하는데 바로 손실의 최소화이다. 즉 이익 창출만 전략이 아니라 손실 최소화도 전략이다.

손실을 최소화하기 위해서는 매몰비용 개념이 필요하며 이미 발생한 지출금액의 본전을 무조건 뽑으려 하지 말고 현재 상태를 기준으로 손익을 계산하여 손실을 최소화할 수 있는 의사결정이 필요하다.

(2) 쉬는 것도 투자다

주식투자 격언에 '쉬는 것도 투자다'라는 말이 있다.

무슨 말일까? 쉬는데 어떻게 돈을 벌지?

증권시장이 활황일 때는 투자수익을 얻을 가능성이 높지만 불황일 때는 투자손실을 볼 가능성이 높다. 따라서 이때는 투자하지 말고 현금을 보유함으로써 손실을 줄일 수 있다는 의미이다.

2) 매몰비용과 가격인하(세일) 원리

장사에서도 매몰원가 개념이 필요한데 세일의 예를 들면 다음과 같다.

예시 S사는 A상품을 팔고 있는데 A상품의 손익구조는 다음과 같다.

〈A상품 손익 : 1개당 기준〉

구 분	금 액	비 고
판매단가	10,000	현재 판매 가격
원가 • 변동비 • 고정비	9,000 7,000 2,000	원가 + 변동비 + 고정비 • 변동비 : 1개 더 팔면 더 들어가는 재료비, 포장비, 운반비 등 • 고정비 : 1개 더 팔더라도 더 들어가지 않는 인건비, 감가상각비 등
이익	1,000	

현재 상태에서 판매가격을 8,000원으로 낮추어 세일하여 매출액이 현재보다 30% 이상 늘어난다면 가격을 낮출 수 있겠는가?

만약 판매가격을 8,000원으로 낮춘다면

① 8,000(판매단가) − 9,000(1개당 원가) = (−)1,000(손실)인가

② 8,000(판매단가) − 7,000(1개당 변동비) = (+)1,000(이익)인가

결론) ②가 정답이다. 추가로 판매되는 30% 추가 매출액의 원가는 변동비 7,000원이다. 왜냐하면 인건비, 감가상각비 등 고정비는 이미 종업원과 시설이 투자되어 매출액과 관계없이 발생하는 매몰원가라서 추가매출 의사결정에는 고려할 필요 없는 회수 불가능한 비용이기 때문이다.

14 PER/PBR의 이론과 현실

PER과 PBR은 이론적 측면과 현실적 측면에서 이중성을 가지고 있다.

A기업은 주가 50,000원, 당기순이익 50억원, 자본총계 200억원, 발행주식수 1,000,000주라고 가정한다.

1) PER

A기업의 PER(주가이익배수)을 산정하면 PER=10.0배이다.

$$PER, \frac{50,000원(주가)}{5,000원(주당이익)} = 10.0배$$

$$주당이익, \frac{5,000,000천원(당기순이익)}{1,000,000주} = 5,000원$$

$$또는 \frac{500억원(시가총액)}{50억원(당기순이익)} = 10.0배$$

PER=10.0배는 재무관리 이론적 측면에서 A기업의 수익가치인 당기순이익의 공정가치(거래가격)가 500억원이므로 PER은 이익의 품질 크기를 나타낸다고 볼 수 있다. 즉 50억원짜리 이익이 500억원 가격으로 거래되고 있다는 의미이다.

A기업 주가가 60,000원이라면 이익 50억원짜리의 기업가치가 600억(50억원×12배)원이므로 주가 50,000원 대비하여 이익의 질이 20% 높음을 나타내므로 기업의 PER은 높을수록 당해기업 이익품질이 높음을 의미한다.

그러나 투자자 입장에서는 PER이 높다는 것은 주가가 과대평가되었다고 판단하기 때문에 고高PER 주식보다 저低PER 주식을 더 선호한다.

2) PBR

A기업의 PBR(주가순자산배수)은 2.5배이다.

$$PBR, \frac{50,000원(주가)}{20,000원(주당순자산)} = 2.5배$$

$$주당순자산, \frac{20,000,000천원(자본총계)}{1,000,000주} = 20,000원$$

$$또는 \frac{500억원(시가총액)}{200억원(자본총계)} = 2.5배$$

PBR=2.5배의 의미는 재무관리 이론적 측면에서 A기업의 순자산가치(BPS) 가격은 PBR, $\frac{현재순자산(200억원)}{(1.0)} + \frac{미래기대이익의 현재가치(300억원)}{(+\alpha)}$ =500억원이라는 의미이다.

즉 A기업의 주가순자산배수는 현재 순자산(200억원)에서 시가총액이 200억원이라면 PBR은 1.0이지만 여기에 미래이익의 현재가치를 더한 값으로 볼 수 있다.

미래기대이익이 더 크다면 PBR도 더 높아진다. 따라서 PBR도 높을수록 기업의 미래기대이익이 많다는 것을 암시한다. 그런데 투자자 입장에서는 PBR이 높다는 것도 주가가 과대평가되어 있다고 판단하므로 고高PBR 주식보다 저低PBR 주식을 더 선호한다.

결론적으로 PER과 PBR의 이론적 측면에서는 높을수록 기업가치가 높다고 판단할 수 있지만 투자자 입장에서는 상반되는 기준으로 의사결정을 한다고 볼 수 있다.

15. 전환사채와 신주인수권부사채는 기업가치(주가)에 어떤 영향을 주는가
- 희석주당이익 -

전환사채는 사채 소유자가 일정한 조건하에 보통주로 전환할 수 있는 권리(전환권)가 부여된 사채이며 전환권을 행사하면 채권자 지위는 소멸하고 자본(주주)으로 전환되며 추가로 납입하는 금액은 없다.

신주인수권부사채는 사채 소유자가 일정 조건하에 보통주 발행을 청구할 수 있는 권리(신주인수권)가 있는 사채이며 신주인수권을 행사하더라도 채권자 지위는 유지되면서 주주(자본)가 되며 신주인수 납입 금액이 유입된다.

전환사채와 신주인수권부사채는 일반사채보다 이자율이 낮다는 특징이 있다. 기업은 낮은 이자율로 자금을 조달하고 권리 행사로 자기자본이 증가되어 재무구조가 개선되며 투자자는 안정적으로 이자를 수취하고 주가가 상승하면 권리를 행사하여 수익성을 높일 수 있다. 그런데 아래와 같이 권리행사로 주당이익이 크게 낮아진다는 점에 유의해야 한다.

전환사채와 신주인수권부사채는 부채이면서 자본이 되는 양면적 성격을 가지고 있으므로 **복합금융상품**이라 하고 향후 보통주 자본으로 바뀔 수 있기 때문에 **잠재적 보통주**라고 한다.

잠재적 보통주의 중요한 의미는 향후 권리행사로 보통주 주식수가 증가되어 주당이익이 낮아질 수 있다는 것이다.

여기서 주당이익 계산해 보면 다음과 같다.

$$(기본)주당이익 = \frac{보통주귀속당기순이익}{가중평균유통보통주식수}$$

(주) 가중평균 : 기간 중 주식수 변동이 있을 경우 1일평균주식수를 의미한다.

이 주당이익을 '기본주당이익'이라 한다.

잠재적 보통주의 권리행사로 산출되는 주당이익은 희석稀釋주당이익(diluted-EPS)이라고 한다.

$$희석주당이익 = \frac{보통주당기순이익 + 보통주이익증가액}{유통주식수 + 잠재적 보통주식수}$$

(주) 희석(稀釋)이란 물타기란 의미이다.

보통주이익증가액이란 전환사채의 이자비용은 '영업외비용'이지만 자본으로 바뀌면서 이자비용이 지급되지 않고 이익으로 증가되는 금액이며 법인세 효과를 반영하여 '보통주이익증가액＝전환사채이자비용×(1−법인세율)'로 계산한다.

예를 들면 전환사채 이자비용 100원이고 법인세율이 30%일 때 보통주로 전환하면 이자비용은 100원이 감소하지만 보통주이익은 세금효과가 없으므로 100원×(1-30%)=70원, 즉 70원 증가한다.

희석주당이익이 갖는 의미는 잠재적 보통주가 보통주로 바뀌면서 보통주 주식수 증가로 최악의 경우 주당이익이 얼마까지 낮아질 수 있는가이며 잠재적 보통주가 있는 경우 포괄손익계산서에 기본주당이익 외 희석주당이익도 반드시 공시해야 한다.

조금 어려운 표현이지만 잠재적 보통주가 여럿인 경우 희석효과가 큰(주당이익이 크게 낮아지는) 잠재적 보통주부터 순차적으로 계산하며 주당이익이 오히려 증가하는 (희석효과가 없는) 잠재적 보통주는 계산하지 않는다.

결론적으로 전환사채나 신주인수권부사채가 있는 기업은 일단 자금이 부족하여 사채를 발행하였고 보통주 주식수 증가로 기업가치가 낮아질 가능성이 많다는 의미이므로 투자 시 유의해야 한다.

16 기업가치 분석사례

본 사례는 저자가 비상장 P기업을 컨설팅하면서 3년 후(2023년) 기업가치를 분석한 내용이다.

1) 분석방법 : 다음 세 가지 방법을 적용함

방법 1 상속증여세법의 보충적 평가에 의한 비상장기업가치 평가방법(주당순손익 60%, 주당순자산 40% 비중으로 가중평균하는 평가 방법)

〈계산방법〉

① 주당순손익 : ((〈기준일 이전 1년 전 순손익 × 3) + (기준일 이전 2년 전 순손익 × 2) + (기준일 3년 전 순손익 × 1)〉/6)/10%

② 주당순자산 : 평가기준일 현재의 주당순자산가치
   → 순자산가액/발행주식수

③ 1주당가치 = (주당순손익 × 3 + 주당순자산 × 2)/5

방법 2 자본시장법상 기업합병 시 비상장기업가치 평가방법(유사기업의 주당세전이익과 주당순자산의 비율을 단순평균하여 유사기업의 주가에 곱하여 평가)

〈계산방법〉

유사기업주가 × 〈(평가기업 주당세전이익/유사기업 주당세전이익) + (평가기업 주당순자산/유사기업 주당순자산)〉/2

- 주당세전이익 : 최근사업연도 세전이익과 직전사업연도 세전이익의 평균세전이익
- 주당순자산 : 결산기말 주자산가치

방법 3 유사기업의 시장배수(PER/PBR)에 평가기업의 추정이익과 추정순자산을 곱하여 비상장기업가치를 평가하는 방법(유사기업의 PER, PBR에 추정주당이익과 추정순자산을 곱하여 평가)

〈계산방법〉

① PER기준 - 평가기업 추정주당이익 × 유사기업 PER
② PBR기준 - 평가기업 추정주당순자산 × 유사기업 PBR

2) 세 방법의 장단점 비교

구분	장점	단점
상속증여세법	수익가치와 자산가치가 반영되어 일반적으로 적용하는 기준임	과거실적 중심의 평가이며 미래의 수익성과 순자산가치가 반영되지 않음
자본시장법	• 수익가치와 자산가치를 동종업종 유사기업과 비교하여 평가함 • 상장된 유사기업의 시장가치가 비교반영됨	유사기업의 추정자료 반영이 어려움
시장배수 평가방법	상장된 유사기업의 가치가 반영됨	• 현재의 시장배수 적용됨 • 유사상장기업이 없는 경우 평가 어려움

3) 분석내용

2023년 기준 기업가치

4) 분석자료

P사의 2020~2024년 재무계획을 기준으로 적의 조정한 자료

5) 2023년 말 기준 기업가치

(1) 상속증여세법에 의한 기업가치

상속증여세법의 '보충적 평가방법'에 의한 비상장주식평가방법을 기준으로 1주당 가치를 산정함

- 1주당 가치 = (주당순손익×3＋주당순자산×2)/5

  (수익가치 60%, 자산가치 40%로 가중평균함)

① 주당순손익 : 최근 3년간 순손익의 가중평균액

[(1년 전 순손익×3＋2년 전 순손익×2＋3년 전 순손익×1)/6] / 10%

- 주당순손익 : (1,034원×3＋635원×2＋203원×1)/6 = 762.5원/10%

  = **7,625원**

② 주당순자산 : (자산－부채)/발행주식수

- 주당순자산 : 2,431 → 4,837,000천원/1,990,000주 = **2,431원**

③ 상증세법에 의한 기업가치

- 주당가치 : **(7,625×3＋2,431×2)/5 = 5,547원**
- 주주자산가치 : 5,547원×1,990,000주 = 11,038,530천원

(2) 유사기업에 의한 상대가치

- 유사기업과의 세전이익과 순자산가치 비율에 의한 비교평가
- 유사기업주가×(평가기업 세전이익/유사기업 세전이익＋평가기업 순자산/유사기업 순자산)/2
- 유사기업 : H사, D사, F사

(주) 주당세전이익과 주당순자산을 상대비교할 때는 반드시 액면가액이 같도록 환산해야 한다.(p.214-216 참조)
　액면가, 평가기업 주당 10,000원
　　　　　H사　　주당 1,000원
　　　　　D사　　주당 1,000원
　　　　　F사　　주당 5,000원

① H사

2,290원 × ($\frac{1,030원}{1,870원}$ + $\frac{2,431원}{7,900원}$) ÷ 2 = 983 × 10(액면가 환산) = **9,830원**

② D사

1,070원 × ($\frac{1,030원}{1,040원}$ + $\frac{2,431원}{9,240원}$) ÷ 2 = 670 × 10(액면가 환산) = **6,700원**

③ F사

18,900원 × ($\frac{1,030원}{2,003원}$ + $\frac{2,431원}{14,900원}$) ÷ 2 = 6,484 × 2(액면가 환산) = **12,980원**

- 평균 : (9,830 + 6,700 + 12,980) ÷ 3 = **9,837원**

(3) 유사기업과의 시장배수에 의한 평가

- 유사기업 주가이익배수(PER), 주가순자산배수(PBR)에 의한 평가
- 유사기업 : H사, D사, F사

〈유사기업 시장배수〉 (배)

구분	PER	PBR
H사	21.71	2.97
D사	18.63	1.23
F사	28.57	2.52

① PER 기준(평가기업 추정주당이익 × 유사기업 시장배수)
- H사 : 1,279원×21.71배(주가이익배수) = 27,767원
- D사 : 1,279원×18.63배(주가이익배수) = 23,828원
- F사 : 1,279원×28.57배(주가이익배수) = 36,541원
- 평균 : (27,767+23,828+36,541)÷3 = **29,378원**

② PBR 기준(평가기업 추정주당순자산 × 유사기업 시장배수)
- H사 : 2,431원×2.97배(주가순자산배수) = 7,220원
- D사 : 2,431원×1.23배(주가순자산배수) = 2,990원
- F사 : 2,431원×2.52배(주가순자산배수) = 6,126원
- 평균 : (7,220+2,990+6,126)÷3 = **5,445원**

17 파생상품 거래

파생상품은 기초자산의 가치변화에 따라 가격이 변하는 금융상품으로 선도거래, 선물거래, 옵션거래, 스왑거래 등으로 나누어진다.

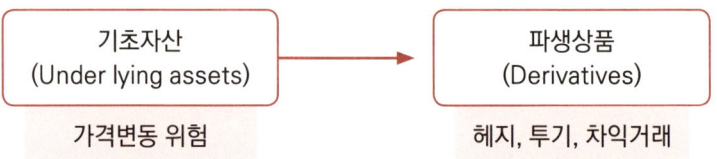

파생상품의 기초자산은 통화(환율), 금리, 주식, 주가지수, 곡류, 석유 등 그 가치가 시장에서 비교적 자유롭게 결정되는 것들이다. 초기의 파생상품들은 기초자산의 미래 가격변화에 따른 위험을 회피하기 위한 수단으로 이용되었으나 최근에는 가치변화에 능동적으로 대처하여 고수익을 올릴 수 있는 수단으로 이용되고 있다.

1. 선도거래

선도거래는 미래에 매매할 상품에 대해 현재시점에서 쌍방 간 미래의 거래수량과 거래가격을 정하고 계약을 맺는 거래이다.

예를 들어, 배추상인이 가을에 수확할 배추에 대해 봄에 수량과 가격을 정한 후 가을에 정한 조건에 따라 배추를 매매하는 것이 선도거래이다.

1) 선도거래 손익구조

농부와 배추상인 예에서 가을에 배추가격 변화에 따른 두 당사자의 손익은 다음과 같다.

① 가을 배추가격이 약정된 가격보다 높게 형성된다면 배추상인은 시중가격보다 싸게 배추를 매입할 수 있기 때문에 이익을 볼 것이다. 반면 농부는 선도계약이 없었다면 배추를 비싼 가격에 팔 수 있지만 선도계약에 의해 시중가격보다 낮게 판매하게 되어 손실을 볼 것이다.

② 가을 배추가격이 약정한 가격보다 낮게 형성된다면 배추상인은 시중보다 높은 가격에 배추를 매입하여 손실을 보고, 농부는 시중보다 높은 가격에 배추를 판매할 수 있기 때문에 선도거래를 통해 이익을 보게 된다.

따라서 선도거래는 농부 입장에서는 가을에 배추가격이 폭락할지라도 일정한 가격에 배추를 판매할 수 있기 때문에 가격하락에 대한 사전예방 기능을 하고 배추상인 경우에는 가을에 배추를 일정한 가격에 미리 확보할 수 있는 기능을 한다.

2) 선도거래의 레버리지 효과

선도거래 본질상 선도거래의 수익률은 $+\infty$ 또는 $-\infty$이다.

앞의 예에서 본 바와 같이 선도거래에는 2개의 시점이 존재한다. 계약을 체결하는 시점(봄)과 계약을 이행하는 시점(가을)이며 체결시점에 아무런 투자 없이 이행시점에 수익(손실)을 얻을 수 있다. 즉 0원 투자로 수익(손실)을 얻게 되므로 이론적 투자수익률은 $+\infty(-\infty)$이다.

이러한 특성은 적은 금액 투자로 많은 수익 또는 손실을 얻게 되므로 레버리지 효과가 발생하게 되어 거래에 대한 위험이 존재한다.

선도거래는 상품의 미래 가격변화에 따른 위험을 회피할 수 있는 효과도 있지만 레버리지 효과에서 알 수 있듯이 고위험/고수익 기회를 제공하기도 한다.

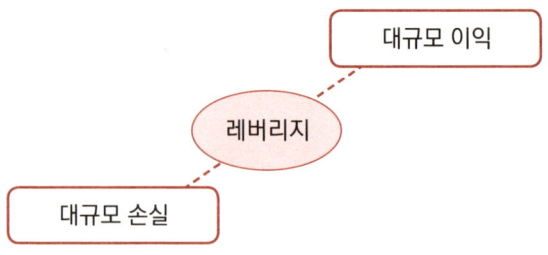

2. 선물거래

1) 선물거래의 특징

선물거래는 거래 당사자가 미래에 인도될 상품을 현재시점의 가격과 수량 등의 계약조건을 정하고 거래하는 형태로 선도거래와 유사하지만 선도거래는 다음과 같은 몇 가지 문제들이 있어 선물거래로 보완된다.

① 선도거래가 이루어지기 위해서는 조건이 맞는 계약 대상자가 있어야 하는데 조건이 맞는 상대를 찾기 어려운 문제점이 있다.

② 선도거래는 계약불이행 위험이 있다. 선도거래는 일방의 이익이 상대의 손실로 이어지기 때문에 손실을 보게 되는 당사자는 계약불이행 요인이 존재한다.

이러한 선도거래의 문제점을 보완하기 위한 형태가 선물거래이다. 계약조건에 맞는 상대를 찾기 힘들다는 점을 보완하기 위해 증권선물거래소에서 표준화된 시스템에 의하여 선물거래가 이루어지며 계약불이행 위험을 줄이기 위해 일일정산제도에 의하여 거래가 이루어진다.

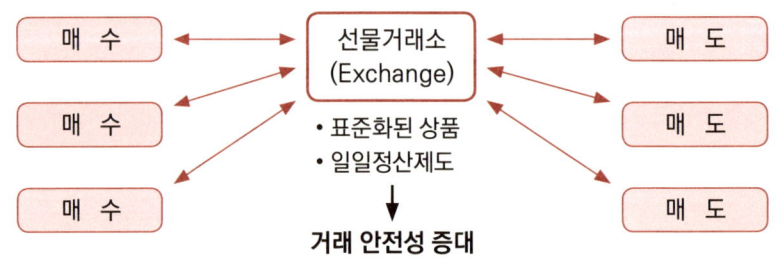

일일정산제도는 계약이행까지의 가격변화에 따른 예상손익으로 매일 손익을 계산하는 제도이다. 예를 들어, 배추상인과 농부가 가을에 수확할 배추를 한 포기에 1,000원씩 1,000포기를 사고팔기로 계약했다고 하자. 그런데 어떤 조사에서 가을 배추공급이 너무 많아 수요를 초과할 것이라는 결과가 나와 가을 배추가격을 한 포기에 600원으로 평가하게 되었다.

600원짜리 배추를 1,000원에 거래해야 하므로 배추상인에게는 불리하고 농부에게는 유리한 상황이 된다. 일일정산제도는 가을 배추가격이 600원으로 평가되는 일자에 배추상인과 농부 사이의 예상손익을 계산하여 금액을 정산하는 제도이다. 따라서 배추상인은 농부에게 포기당 400원, 총 400,000원(400원×1,000포기)을 지불하게 된다. 이후 계약은 가을에 포기당 600원으로 매매하는 것으로 자동으로 바뀐다.

선물거래에서는 이러한 가격(선물가격)이 매일 정해지고 이 가격에 따라 매일매일의 손익을 매도자와 매수자 사이에 계산하여 정산한다.

2) 선물가격 결정

선물가격은 현재시점에서 예상한 미래의 가격이다. 일반적으로 현물가격에 보유비용을 가산하고 현물 보유로 인한 수익만큼 차감하게 된다. 주가지수 선물 경우에는 현물지수에 이자비용을 가산하고 배당수익을 차감한 금액이 선물가격이다. 따라서 현물가격이 상승하거나 이자율이 상승하면 선물가격이 상승한다.

- 일반적 상품의 선물가격 = 현물가격 + 보유비용
- 주가지수 선물가격 = 현물지수 + 이자비용 − 배당수익

3. 옵션거래

옵션은 특정한 자산을 사전 약정된 계약조건에 의하여 사거나 팔 수 있는

권리를 말한다. 선물의 경우에는 계약조건에 의해 사거나 팔아야 하지만 옵션은 옵션 매입자가 사거나 팔 것을 선택할 수 있고 매도자는 매입자의 선택에 따라야 할 의무가 있다. 옵션은 옵션 매입자에게 특정한 권리를 부여하는 것이기 때문에 가치는 항상 0 이상이다. 즉 옵션 매입자는 매도자에게 일정한 대가(옵션프리미엄)를 지불하고 사거나 팔 수 있는 권리를 부여받는다.

사거나 팔 수 있는 특정자산을 **기초자산**, 사거나 팔도록 약정된 가격을 **행사가격**, 약정된 기간을 만기 그리고 옵션의 가치를 **옵션가격** 또는 **옵션프리미엄**이라고 한다.

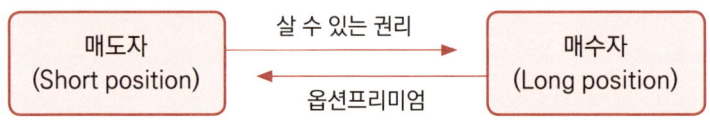

1) 옵션 종류

(1) 권리형태에 따른 구분
① 콜call옵션 : 특정자산을 사전에 정한 가격으로 살 수 있는 권리
② 풋put옵션 : 특정자산을 사전에 정한 가격으로 팔 수 있는 권리

(2) 행사시기에 따른 구분
① 유럽형 옵션 : 만기에만 권리행사하는 옵션. 우리나라는 유럽형 옵션거래만 거래되고 있다.
② 미국형 옵션 : 만기까지 자유롭게 권리행사하는 옵션

2) 주요 옵션용어
① 기초자산 : 옵션거래에 사용되는 기초자산
② 행사가격 : 옵션계약 시 권리행사할 약정된 가격

③ 시장가격 : 기초자산의 실제가격

④ 만기일 : 약정된 기일

⑤ 매도자 또는 발행자 : 콜옵션 또는 풋옵션의 발행자. 매도포지션

⑥ 매입자 : 콜옵션 또는 풋옵션의 매입자. 매입포지션

⑦ 권리행사 : 콜옵션 또는 풋옵션 내가격 상태에서 권리행사하는 경우

⑧ 행사포기 : 콜옵션 또는 풋옵션 외가격 상태에서 권리행사를 포기하는 경우

⑨ 옵션가격(옵션프리미엄) : 옵션매입자가 옵션매도자에게 권리부여받는 대가로 지급하는 금액

3) 내가격옵션·외가격옵션

① 내가격옵션(ITM, In-the-money) : 옵션매입자가 권리행사하는 것이 유리한 옵션. 콜옵션 경우 **시장가격 〉 행사가격**, 풋옵션 경우 **시장가격 〈 행사가격**일 때가 내가격옵션이다.

② 외가격옵션(OTM, Out-of-the-money) : 옵션매입자가 권리행사하는 것이 불리한 옵션. 콜옵션의 경우 **시장가격 〈 행사가격**, 풋옵션인 경우 **시장가격 〉 행사가격**일 때가 외가격옵션이다.

③ 등가격옵션(ATM, At-the-money) : 콜옵션, 풋옵션 모두 **시장가격 = 행사가격**일 경우

4) 옵션의 손익구조

(1) 콜옵션 매입자, 매도자의 손익구조

콜옵션 매입자는 만기에 기초자산의 시장가격이 행사가격보다 높을 때 옵션을 행사하여 이익을 보게 된다.

예를 들어, A주식을 행사가격 10,000원에 살 수 있는 권리의 콜옵션을

소유하고 있는 경우 만기 시 A주식의 시장가격이 12,000원이라면 콜옵션 매입자는 옵션을 행사하여 2,000원의 이익을 볼 수 있다. 반면 콜옵션 매도자는 권리행사에 의해 2,000원의 손실을 보게 되지만 가격상승폭에 따라 손실이 무한대가 될 수 있다.

콜옵션 행사 시 실제 이익 = (시장가격 − 행사가격) − 옵션프리미엄

반대로 A주식의 시장가격이 10,000원 이하라면 매입자는 옵션행사를 포기하므로 옵션매입 시 지급했던 프리미엄(옵션가격)만큼 손실을 보게 된다.

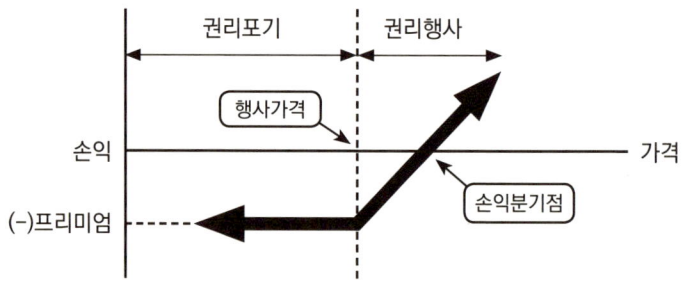

〈콜옵션 매수자 손익 그래프〉

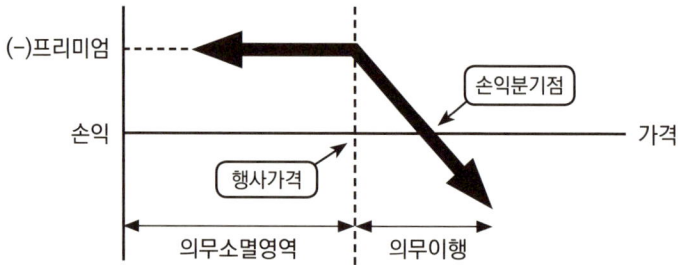

〈콜옵션 매도자 손익 그래프〉

(2) 풋옵션 매입자, 매도자의 손익구조

풋옵션 매입자는 만기에 기초자산의 시장가격이 행사가격보다 낮을 때

옵션을 행사하여 이익을 보게 된다.

예를 들어, A주식의 행사가격이 10,000원인 경우 만기 시 A주식의 시장가격이 8,000원이라면 풋옵션 매입자는 옵션을 행사하여 8,000원의 주식을 10,000원에 팔 수 있으므로 2,000원의 이익을 보게 된다.

풋옵션 행사 시 실제 이익 = (행사가격 – 시장가격) – 옵션프리미엄

반대로 만기 시 A주식의 가격이 10,000원 이상인 경우에는 옵션행사를 포기하므로 풋옵션 매입에 따른 프리미엄만큼 손실을 보게 되고 매도자는 옵션프리미엄의 이익을 보게 된다.

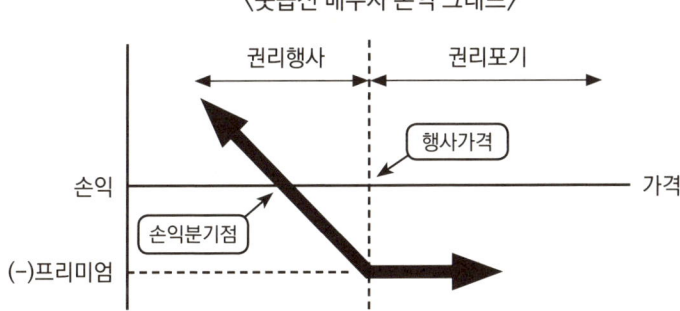

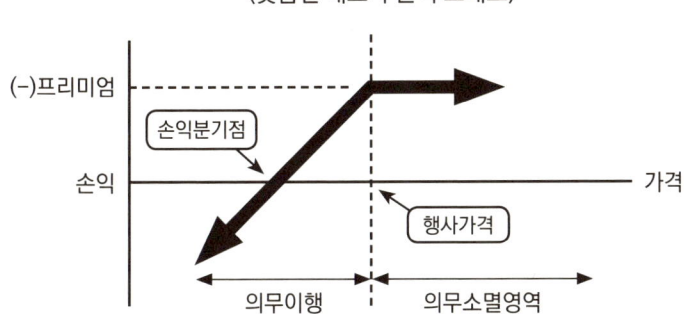

5) 옵션가격 결정원리

옵션가격은 내재가치와 시간가치로 이루어져 있다.

① 옵션 내재가치 : 내재가치는 당장 옵션을 행사했을 때 얻을 수 있는 이익을 말한다.

예를 들어, 행사가격 10,000원의 A주식을 콜옵션이 있고 현재 A주식의 가격이 12,000원인 경우 현재 옵션을 행사한다면 2,000원의 이익이므로 옵션의 내재가치는 2,000원이다.

② 옵션의 시간가치 : 시간가치는 만기까지 기간에 기초자산의 가격이 변화하여 옵션행사로 얻을 수 있는 이익이다.

예를 들어, 앞의 A주식의 현재가격이 10,000원인 경우 현재 옵션을 행사하여 이익을 얻을 수 없다. 만기까지 1년 남았다고 가정하면 그 기간 동안 주가가 10,000원 이상이 될 때 콜옵션 보유자가 이익을 얻을 수 있는 기간이 존재하는데 이러한 가치가 시간가치이다.

옵션가치 = 내재가치 + 시간가치

6) 선물과 옵션 차이점

	선 물	옵 션
계약 성격	쌍방 의무 있음	매수자의 권리(매도자는 의무)
초기투자	없음	옵션프리미엄(가격)
이론가격계산	비교적 단순한 구조	복잡한 계산
이용범위	선물 자체 거래로 주로 이용	구조합성을 통한 다양한 파생상품 설계 가능
종류	구조적으로 단일 상품	무수히 많은 종류의 상품 설계 가능

4. 스왑거래

미리 약정한 현금흐름을 거래 당사자 간에 미래에 교환하기로 하는 계약 거래이며 이자율스왑과 통화스왑이 있다.

1) 이자율스왑

고정금리 차입자와 변동금리 차입자 간 스왑계약으로 비교우위가 있는 고정금리 차입자는 변동금리로, 변동금리 차입자는 고정금리로 교환하는 스왑거래이다.

① 의의 : 이자율스왑은 채무를 부담하는 거래 당사자 간에 일정기간 동안 이자지급의무를 교환하여 부담하기로 약정하는 것이다.

② 이자율스왑계약 : 고정이자율 조건의 차입금과 변동이자율 차입금을 각각 부담하는 두 거래 당사자가 미래 이자율에 대하여 서로 다른 예측을 할 때 고정금리 차입과 변동금리 차입금을 교환하여 쌍방 간 이자율 부담을 경감시키는 계약이다.

예를 들어, 고정이자율조건의 차입금을 부담하는 채무자는 미래의 이자율이 하락할 것을 예상하고 변동이자율조건의 차입금을 부담하는 채무자와 이자지급의무를 교환하여 보다 적은 이자를 지급하게 된다고 예측하며, 변동이자율조건의 차입금을 부담하는 채무자는 미래의 이자율이 상승할 것을 예상하고 이자지급의무를 교환하게 된다.

2) 통화스왑

거래 당사자 간 비교우위가 있는 통화를 원하는 통화로 교환하는 스왑거래이다.

18 투자경제성 분석

[예시] 부동산이든 금융자산이든 지금 현재 32,000원을 투자하여 5년간 연도별 다음과 같이 47,120원을 벌 수 있다면 투자할 것인가 말 것인가?

〈투자로 인한 현금흐름〉

구분	현재(Y_0)	Y_1	Y_2	Y_3	Y_4	Y_5	누계
현금 흐름	(-)32,000	+10,000	+8,590	+8,730	+9,150	+10,650	+15,120

(주) ① 현재는 (Y_0)로 표시하고 Y_1 … Y_5할 매1년씩 경과됨을 나타낸다. (-)는 지출이고 (+)는 수입을 나타낸다.
② 누계 : 버는 돈 (+)47,120원과 투자하는 돈 (-)32,000원 차이의 (+)15,120원

일반적으로 투자 여부는 다음의 기준으로 판단할 것이다.

판단 기준

① 투자금액 32,000원을 전부 회수하려면 얼마나 걸리는가?
② 이 투자로 연수익률은 얼마나 되는가?
③ 이 투자로 순 버는 돈은 얼마인가?

1. 투자금액 회수기간(PBP, Pay-back period)

투자회수기간이란 투자금액 32,000원을 회수하는데 얼마나 걸리는가? 의미이다. 이자율은 연 10.0%라고 가정한다.

구분	투자금액	회수금액	할인회수금액	미회수 잔액
Y_0년도	32,000	–	–	32,000
Y_1년도	–	10,000	9,091	22,909
Y_2년도	–	8,590	7,099	15,810
Y_3년도	–	8,730	6,559	9,251
Y_4년도	–	9,150	6,249	3,002
Y_5년도	–	10,650	6,613	△3,611

(주) 할인회수금액 : 회수금액/$(1+10\%)^n$

회수기간은 32,000원을 매년 할인 회수금액으로 잘라나가면서 계산하는데 5년째 3,002원만 벌어들이면 완전 회수되는데 6,613원 벌므로 월할 계산하여 최종 회수기간을 산정한다(12개월×3,002/6,613 = 5.45개월). 따라서 할인 회수기간은 4년 6개월이 되며 판단기준은 자기 목표치보다 빠르면 투자하고 늦어지면 투자 안 하는 의사결정을 한다.

의사결정 회수기간 4년 6개월

① 나의 목표 회수기간 5년 : 투자함
② 나의 목표 회수기간 3년 : 투자 안 함

2. 연수익률은 얼마나 되는가?(IRR)

연수익률은 할인율, 투자수익률이라고 하며 IRR(Internal rate of return)로 구하는데 투자회수금액인 현금유입(누계 47,120)의 현재가치와 투자지출금액인 현금유출(누계 : 32,000)의 현재가치를 일치시키는 할인율을 의미하며 다음과 같이 계산한다.

$$IRR = \frac{32,000}{(1+r)^0} = \frac{10,000}{(1+r)^1} + \frac{8,590}{(1+r)^2} + \frac{8,730}{(1+r)^3} + \frac{9,150}{(1+r)^4} + \frac{10,650}{(1+r)^5}$$

이 계산은 분모에 미지수가 있고 승수가 있는 방정식으로 계산이 복잡하므로 현재가치계수표를 활용한다. 일정 할인율의 매년도별 현재가치계수를 매년도별 현금유입 또는 현금유출액에 승하여 산출하는데 시행착오법으로 다음과 같이 계산한다.

① 일단 할인율을 14%로 선택하여 계산해 본다.(현재가치계수 참조)

32,000×1 = (10,000×0.8772)+(8,590×0.7695)+(8,730×0.6575)+(9,150×0.5921)+(10.650×0.5194)

↓ ↓
32,000 32,224

② 현금유입액(32,224)이 현금유출액(32,000)보다 많으므로 현재가치를 낮추기 위하여 할인율을 1% Point 높여 15%로 계산한다. 할인율을 높이면 현재가치 금액은 낮아지기 때문이다.

32,000×1 = (10,000×0.8696)+(8,590×0.7561)+(8,730×0.6575)+(9,150×0.5718)+(10.650×0.4972)

↓ ↓
32,000 31,458

③ 이제 32,000원은 14%와 15% 사이에 있음을 알 수 있으므로 다음과 같이 보간법으로 계산한다.

〈할인율 14%와 15%의 비교〉

할인율	현금유입현재가치	현금유입현재가치	차이
14%	32,224	32,000	224
15%	(-)31,458	(-)32,000	(+)542
1% Point	766	0	766

1% Point 차이의 금액이 766원이므로 보간법補間法으로 산출하면, 32,224(14%) − 32,000원 = 224원, 224÷766 = 0.29이므로(IRR 계산 시 통상 소수

점 세 자리에서 반올림하여 소수점 두 자리까지 계산함) IRR은 14%+0.29% = 14.29%가 되며 즉 투자수익률이 연 14.29%라는 의미이다.

투자할 것인가의 의사결정기준은 IRR이 14.29%이므로 내가 조달할 이자율이 IRR(14.290%)보다 낮으면 투자하고 높으면 투자하지 않는다.

의사결정 연수익률 14.29%
① 연 12%로 돈을 빌릴 수 있다 : 투자함
② 연 15%로 돈을 빌릴 수 있다 : 투자 안 함

IRR은 투자할 것인지 거부할 것인지 판단하는 비율이므로 거부율(cut-off ratio)이라고 한다.

3. 투자하여 순 버는 돈은 얼마인가(NPV)

순 버는 돈은 순현재가치 NPV(Net present value)라고 하며 투자회수금액인 현금유입(누계 : 47,120)의 현재가치에서 투자지출금액인 현금유출(누계 : 32,000)의 현재가치를 차감한 금액의 순 현금증가액이다.

만약 연 13%의 이자율(WACC)로 돈을 조달한다면 순 버는 돈 NPV는 다음과 같이 계산된다.

$$\left[\frac{10,000}{(1+0.13)^1} + \frac{8,590}{(1+0.13)^2} + \frac{8,730}{(1+0.13)^3} + \frac{9,150}{(1+0.13)^4} + \frac{10,650}{(1+0.13)^5}\right] - \frac{32,000}{(1+0.13)^0} = 1,019$$

따라서 순 버는 돈은 현재가치 기준으로 1,019원이 되며 이 NPV가 (+)이면(IRR)조달이자율) 투자할 것이고 (-)이면(IRR)WACC) 투자 안 하는 의사결정을 하게 된다.

의사결정 순 버는 돈 1,019원 … 투자수익률 연 14.29%에 연 13%로 조

달했기 때문에 (+)이므로 투자함

IRR과 NPV 관계

① IRR(투자수익률)과 조달이자률(WACC)이 같으면 NPV는 '0'이 되고
② IRR(투자수익률)이 조달이자률(WACC)보다 높으면 NPV는 양(+)의 값이 될 것이고
③ IRR(투자수익률)이 조달이자률(WACC)보다 낮으면 NPV는 음(−)의 값이 된다.

4. Excel을 이용한 IRR, NPV 계산방법

① Excel 프로그램의 함수(fx)를 클릭하여
② 함수범주(C)에서 '재무'를 선택한 후
③ '재무'의 함수 이름(N)에서 IRR, NPV 창을 선택하여 아래와 같이 쉽게 계산할 수 있다.

IRR 계산창

Values [   ] = 참조

Guess [   ] = 숫자

일련의 현금흐름에 대한 내부수익률을 구합니다.
Values는 내부수익률을 계산할 수를 포함하는 셀의 참조영역 또는 배열입니다.

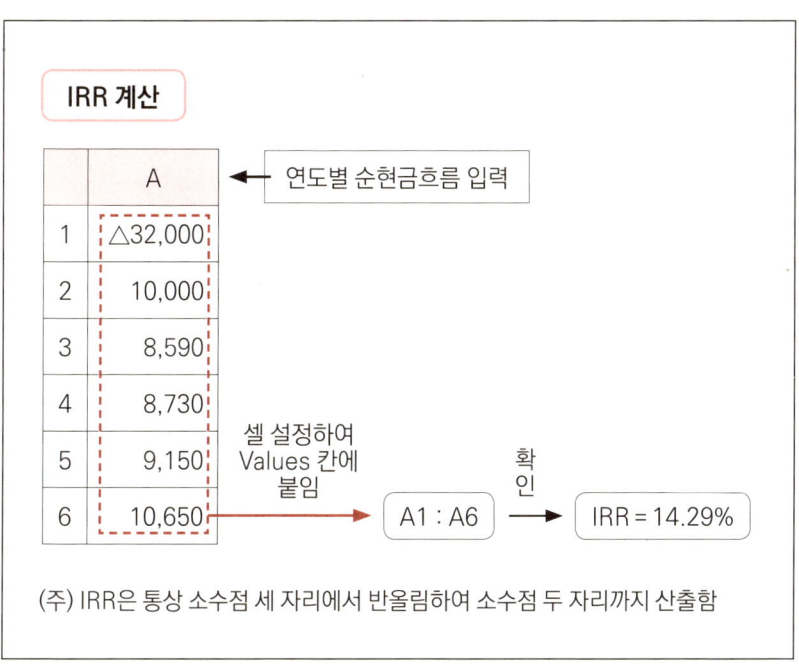

NVP 계산창

Rate　　　[　　　　　　　] = 숫자

Value 1　[　　　　　　　] = 숫자

Value 2　[　　　　　　　] = 숫자

⋮

주기적인 현금흐름과 할인율을 기준으로 투자의 순현재가치를 산출합니다.
Rate는 일정기간의 할인율입니다.

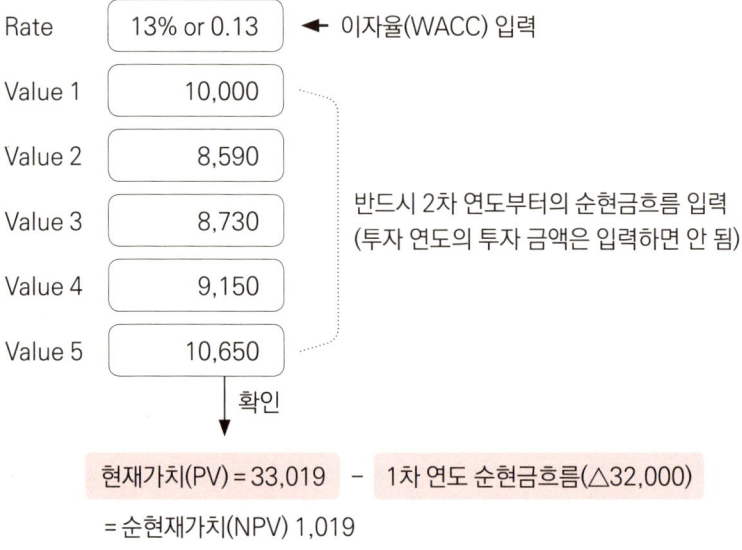

19 주요기업의 PER/PBR/β계수 분석

구 분	PER	PBR(업종평균)	PBR	β계수
음식료업				
CJ제일제당	46.93	30.25	1.44	1.15
농심	24.89	30.25	0.88	0.21
빙그레	13.56	30.25	0.94	0.55
화학				
LG화학	249.06	64.01	4.50	1.37
LG생활건강	35.32	64.01	6.56	0.66
아모레퍼시픽	68.78	64.01	3.58	0.78
제약				
셀트리온	141.33	140.54	14.17	0.81
유한양행	128.77	140.54	2.83	0.60
삼성바이오	258.92	140.54	12.06	0.83
종근당	38.91	140.54	4.36	0.79
철강				
POSCO	12.88	16.89	0.51	0.97
현대제철	302.70	16.89	0.30	1.52
전기전자				
삼성전자	27.42	34.73	2.31	1.02
LG전자	1,026.01	34.73	2.23	0.93
SK하이닉스	47.19	34.73	1.88	1.10
자동차/부품				
현대차	24.30	28.10	1.01	1.34
기아차	19.48	28.10	1.22	1.24
성우하이텍	17.36	267.63	1.00	0.94
크린앤사이언스	23.42	267.63	4.31	0.77

구 분	PER	PBR(업종평균)	PBR	β계수
건설				
GS건설	8.04	7.68	0.89	1.40
현대건설	12.35	7.68	0.76	1.36
남광토건	30.21	7.68	1.13	1.07
대우건설	11.75	7.68	7.05	0.96
유통				
이마트	20.50	31.66	0.54	0.70
GS리테일	20.39	31.66	1.25	0.82
GS홈쇼핑	8.35	22.39	0.73	0.83
현대백화점	10.02	31.66	0.45	0.90
신세계백화점	4.69	31.66	0.63	1.09
은행				
KB지주	5.70	8.60	0.47	1.20
하나금융지주	4.80	8.60	6.40	1.18
무선통신				
LG유플러스	11.99	16.36	0.74	0.77
SKT	22.23	16.36	0.80	0.59
증권				
미래에셋대우	12.33	7.97	0.88	1.60
삼성증권	9.55	7.97	0.76	1.26
보험				
삼성화재	14.39	11.41	0.59	0.77
현대해상	6.61	11.41	0.39	0.62

(주) PER과 PBR은 2021년 주가 기준이며 주가변동에 따라 변동될 수 있음
(자료) fnguide

⟨분석내용⟩

1) PER(주가이익배수)

① 업종별로는 바이오(제약) 업종이 신약개발로 미래 성장성이 반영되어 타업종에 비해 주가가 높게 형성되어 있음을 알 수 있다(PER 140.54).

② 개별기업으로는 전기차배터리회사 LG에너지솔루션의 지배회사인 LG화학(269.06배)이 미래성장 기대감으로 주가가 높게 형성되어 있고, LG전자의 경우 실적개선과 캐나다의 마그나와 자동차부품 합작법인 설립 기대감으로 주가가 높게 평가되어 PER이 높은 것으로 판단된다(1,206.01).

2) β계수

β계수는 완성차 업종(현대차, 기아차)과 건설업, 은행/증권 등 금융업이 투자위험이 상대적으로 높은 것(β계수)으로 나타나고 있다.

부록 1   주요 용어

ELS : Equity linked securities/주가연계증권

개별 주식 가격이나 특정 주가지수 변동에 연계되어 특정 조건 충족 시 투자손익이 결정되는 금융투자상품이며 유가증권시장에 상장되어 있지 않아 유동성에 제약이 있는 유가증권이다.

ETF : Exchange traded fund/상장지수펀드

KOSPI200 지수 같은 특정 주가지수 수익률을 따라가는 지수연동형 펀드를 구성한 뒤 유가증권시장에 상장되어 주식처럼 실시간 매매 가능한 금융상품이며 수익성과는 펀드와 같은 효과로 나타난다.

ETN : Exchange traded note/상장지수채권

발행자가 만기에 기초지수수익률에 연동된 수익지급을 약속하고 발행하는 파생결합증권(채권)이며 상장되어 매매 가능한 금융상품이다.

IPO : Initial public offering/기업공개

기업공개로 이미 발행한 주식 또는 새로 발행하는 주식의 전부 또는 일부를 증권시장에서 불특정 다수에게 파는 것이다.

ESG : Environment social governance/환경사회지배구조

기업평가를 위한 비재무지표로 자원 사용 등 환경 개선, 인력 및 사회기여도 등 사회적 가치, 주주권익과 보상 등의 지배구조로 기업을 평가하는 지표

FCF : Free cash flow/잉여현금흐름

영업활동으로 창출한 현금흐름을 의미하며 다음과 같이 계산한다.
(당기순이익 + 감가상각비 + 무형자산상각 + 비유동자산매각 + 운전자금감소액) - (비유동자산취득 + 운전자금증가액) = 잉여현금흐름
현금흐름표상 영업활동현금흐름과 투자활동현금흐름을 합친 금액이다. 즉 현금기준 영업이익(EBITDA)에서 설비투자와 매출채권/재고자산 증가액을 차감한 금액이다.

EBIT : Earnings before interest & tax

이자와 법인세 차감전이익으로 영업활동 창출이익, 즉 영업이익이다.

- EBIT, 매출액 - (매출원가 + 판매관리비) = 영업이익

EBITDA : Earnings before interest, taxes, depreciaton & amortization

영업이익에 감가상각비와 무형자산상각액을 가산하여 산출하며 현금창출 기준의 영업이익이다.

- EBITDA = EBIT + 유무형자산상각비

EPS : Earning per share/주당이익

보통주에 귀속되는 당기순이익을 보통주 평균주식수로 나눈 1주당 이익창출 금액으로 클수록 수익가치가 높다고 판단하며 주가이익배수(PER) 산정 기초금액이다.

- 주당이익 = 보통주귀속당기순이익 ÷ 가중평균유통보통주식수

BPS : Book value per share/주당순자산

주주귀속자본인 재무상태표 자본총계를 기말발행 주식수로 나눈 1주당

주주귀속순자산 금액으로 클수록 자산가치가 높다고 판단하며 주가순자산배수(PBR) 산정 기초금액이 된다.

- 주당순자산 = 자본총계 ÷ 기말발행주식수(자기주식포함)

PER : Price earning ratio/주가이익배수

주가를 주당순이익(EPS)으로 나눈 시장배수로 주가가 주당이익의 몇 배인지 나타내는 지표로 업종 또는 기업 간 상대비교하여 투자종목 선정 시 활용한다. PER이 낮을수록 주가가 낮게 평가되어 있다는 뜻이므로 저低PER주는 매수종목, 고高PER 주는 매도종목으로 판단한다.

- PER(배) = 주가 ÷ 주당순이익

PBR : Price book value ratio/주가순자산배수

주가를 주당순자산(BPS)으로 나눈 시장배수로 주가가 주당순자산의 몇 배인지 나타내는 지표이며 업종 또는 기업 간 상대비교하여 투자종목 선정 시 활용한다. PBR이 낮을수록 주가가 저평가되어 있다는 뜻이므로 저低PBR 주는 매수종목으로, 고高PBR 주는 매도종목으로 판단한다.

- PBR(배) = 주가 ÷ 주당순자산

PSR : Price sales value ratio/주가매출배수

주가를 1주당 매출로 나눈 시장배수로 주가가 1주당 매출의 몇 배인지 나타내는 지표

- PSR(배) = 주가 ÷ 주당매출

PCR : Price cash flow ratio/주가현금흐름배수

주가를 1주당 현금흐름으로 나눈 시장배수이며 주가가 1주당 현금흐름의 몇 배인지 나타내는 지표

- PCR = 주가 ÷ 주당현금흐름

PDR : Price to Dream ratio/주가꿈의비율
시가총액을 매출시장점유액으로 나눈 시장배수이며 시가총액이 시장점유액의 몇 배인지 나타내는 지표
- PDR = 시가총액 ÷ 시장점유율의 매출액

FV(1) : Future value/미래가치
미래에 벌어들이는 순현금흐름의 미래가치 금액

PV : Present value/현재가치
미래현금흐름을 일정한 할인율(이자율)로 할인한 현재가치 금액

FV(2) : Fair value/공정가치
자산/부채의 현재 실물시장 또는 금융시장에서 거래되고 있는 가격

IRR : Internal rate of return/내부수익률
할인율, 내부수익률 또는 투자수익률로 투자로 벌어들이는 미래현금순유입액의 현재가치와 투자금액의 현재가치를 일치하게 하는 이자율이며 높을수록 투자가치가 높다고 판단한다.

NPV : Net present value/순현재가치
투자로 미래에 벌어들이는 현금유입액의 현재가치에서 투자금액의 현재가치를 차감한 금액으로 클수록 투자성과가 양호하다고 판단한다.

WACC : Weighted average cost of capital/가중평균자본비용

투자 시 여러 자금을 조달했을 때 자금조달 구성비로 가중평균한 평균자본비용으로 IRR과 대비하여 투자여부를 판단하고 NPV 계산 시 미래현금흐름의 할인율로 활용되며 낮을수록 투자가치는 높아진다.

PBP : Payback period/투자회수기간

투자로 인한 투자금액이 미래현금흐름으로 벌여들여 전부 회수되기까지 걸리는 기간으로 짧을수록 좋다고 판단한다.

BV : Book value/장부가치

재무제표상 나타나는 장부가치로 대표적으로 EPS, BPS 등이 있다.

MV : Market value/시장가치

증권시장에서 가격이 형성되는 가치이며 시장배수(market multiple)평가모형으로 PER, PBR, PSR, PCR, PDR 등의 평가지표에 활용한다.

β 계수

체계적 위험인 시장 전체위험으로 매일의 종합주가지수 등락과 개별기업 주가 등락을 최소자승법으로 평균한 계수로 $\beta = 1.0$인 기업은 시장평균위험기업이고 $\beta > 1.0$인 기업은 시장평균위험보다 위험이 높은 기업, $\beta < 1.0$인 기업은 시장평균위험보다 낮은 기업이다. 이때의 위험은 사업에 대한 영업위험이 아니라 당해 주식에 대한 투자위험이다.

GAAP : Generally accepted accounting principles/기업회계기준

기업이 재무정보 제공을 위하여 재무제표 작성·공시할 때 작성해야 할 기준이며 반드시 준수해야 하는 기준으로 일반적으로 인정된 회계원칙을 기준화하여 기업회계기준을 제정하며 우리나라는 1958년 제정되었다. 현행 한국채택국제회계기준(K-IFRS), 일반회계기준(K-GAAP), 중소기업 회계기준 세 종류가 있다.

K-IFRS : Korean International financial reporting standards/한국채택국제회계기준

외감법 대상 법인의 국제회계기준(IFRS)을 우리나라에 적용하기 위하여 우리나라의 실정에 맞게 기준화하여 2011년부터 모든 상장기업, 공기업, 금융기관이 의무적으로 적용하는 기업회계기준이며 K-IFRS를 적용하지 않는 기업은 일반기업회계기준(K-gaap)을 적용한다.

어닝 시즌(Earning season)

매분기별 실적보고기간으로 12월 결산법인의 경우 1분기는 4월 중순에서 5월 15일까지, 2분기는 7월 중순부터 8월 14일까지, 3분기는 10월 중순에서 11월 15일까지, 연말실적은 1월 중순부터 주주총회일까지 어닝시즌이라 한다.

어닝서프라이즈(Earning suprise)/어닝쇼크(Earning shock)

시장 컨센서스(투자기업들의 추정치)보다 매출액, 영업이익 등이 매우 높은 경우 어닝서프라이즈, 매우 저조한 경우 어닝쇼크라고 한다.

IR : Investor relations/투자자 관계로서 기업설명회

기업설명회라 하며 회사가 투자자에게 필요한 기업정보를 증권시장에 공시전달하는 기능이며 회사 내부 IR 조직을 구성하여 운영하는 제도이다.

ROI : Return on investment/총자본순이익률

총자본인 부채·자본총계 금액 대비 당기순이익이 몇 %인지 나타내는 비율이며 높을수록 수익성이 좋다고 판단한다.

- 총자본순이익률(%) = $\dfrac{\text{당기순이익}}{\text{총자본}} \times 100$

ROA : Return on assets/총자산순이익률

자산총계 금액 대비 당기순이익이 몇 %인지 나타내는 비율이며 높을수록 좋다.

- 총자산순이익률(%) = $\dfrac{\text{당기순이익}}{\text{총자산}} \times 100$

ROE : Return on equity/자기자본순이익률

자기자본(자본총계) 대비 당기순이익이 차지하는 비율이며 높을수록 주주자본이익률이 높아 주가 상승의 바로미터가 된다.

- 자기자본순이익률(%) = $\dfrac{\text{당기순이익}}{\text{자본총계}} \times 100$

매출영업이익률

주된 영업활동상의 영업이익이 매출액 대비 몇 %인지 나타내는 비율로 높을수록 본연의 사업에 대한 수익성이 높다고 판단한다.

- 매출영업이익률(%) = $\dfrac{\text{영업이익}}{\text{매출액}} \times 100$

매출액순이익률

매출액 대비 당기순이익이 몇 %인지 나타내는 비율로 높을수록 최종적인

수익율이 높다고 판단하며 주주에 대한 배당능력이 높음을 의미한다.

- 매출액순이익률(%) = $\dfrac{당기순이익}{매출액}$ × 100

매출채권회전율과 매출채권회전일수

매출액 대비 매출대금의 현금회수가 얼마나 빠른지 나타내는 지표로 매출채권회전율은 높을수록 매출대금 회수가 빠름을 의미하지만 매출채권회전일수는 낮을수록 현금회수가 좋음을 의미한다.

- 매출채권회전율(배) = $\dfrac{매출액}{매출채권}$

- 매출채권회전일수(일) = $\dfrac{매출채권}{매출액}$ × 365일

재고자산회전율과 재고자산회전일수

재고자산이 매출액으로 얼마나 빨리 팔리는지 나타내는 지표로 재고자산회전율이 높을수록 빨리 팔린다는 의미이지만 재고자산회전일수는 낮을수록 잘 팔린다는 의미이다.

- 재고자산회전율(배) = $\dfrac{매출액}{재고자산}$

- 재고자산회전일수(일) = $\dfrac{재고자산}{매출액}$ × 365일

부채비율

미래 언젠가 상환해야 할 타인자본인 부채총계가 상환할 필요가 없는 자기자본인 자본총계 대비 몇 배인지 나타내는 지표로 높을수록 자기자본 대비 부채가 많다는 의미이므로 재무구조가 나쁘다고 판단한다.

• 부채비율(%) = $\dfrac{\text{부채총계(타인자본)}}{\text{자본총계(자기자본)}}$ × 100

부채비율은 유동부채비율과 비유동부채비율로 나눌 수 있다.

차입금비율

부채 중 이자지급되는 금융기관 등의 차입금 규모가 자본총계(자기자본) 대비 몇 배인지 나타내는 비율이며 높을수록 재무구조가 나쁘고 이자지급 부담으로 수익성에도 나쁜 영향을 가져온다고 판단한다.

• 차입금비율(%) = $\dfrac{\text{차입금}}{\text{자본총계(자기자본)}}$ × 100

차입금의존도

전체 조달자본(부채·자본총계) 중 차입금에 얼마나 의존하는지 나타내는 비율로 높을수록 차입금에 의한 자본조달이 과다함을 의미하며 재무구조와 수익성이 좋지 않다고 판단한다.

• 차입금의존도(%) = $\dfrac{\text{차입금}}{\text{부채 · 자본총계}}$ × 100

이자보상비율

영업이익으로 차입금이자를 갚을 능력이 얼마나 되는지 나타내는 비율로 높을수록 이자상환능력이 높다는 의미이다.

• 이자보상비율(%) = $\dfrac{\text{영업이익}}{\text{이자비용}}$ × 100

이자보상비율이 100%라는 것은 영업이익으로 이자를 갚으면 한 푼도 안 남으므로 주주에게 배당을 줄 수 없는 상태이며 100% 이하이면 장사하여 번 돈으로 이자도 못 갚는 소위 좀비기업을 의미한다.

유동비율

1년 이내 현금화되는 유동자산이 1년 이내 갚아야 할 유동부채 대비 얼마나 많은지 나타내는 비율로 높을수록 단기지급능력(유동성)이 좋음을 의미한다.

- 유동비율(%) = $\dfrac{\text{유동자산}}{\text{유동부채}} \times 100$

당좌비율

유동자산은 당좌자산(현/예금, 매출채권 등)과 재고자산으로 구성되는데 이 중 현금화가 상대적으로 늦은 재고자산을 제외한 당좌자산이 유동부채 대비 얼마나 되는지 나타내는 비율로 역시 높을수록 단기지급능력(유동성)이 높음을 의미한다.

- 당좌비율(%) = $\dfrac{\text{당좌자산}}{\text{유동부채}} \times 100$

현금비율

유동자산 중 매출채권과 재고자산을 제외한 즉시 현금지급능력을 판단하는 '현금및현금성자산'이 유동부채 대비 얼마나 되느냐를 나타내는 비율이며 높을수록 유동성이 좋음을 의미한다.

- 현금비율(%) = $\dfrac{\text{현금및현금성자산}}{\text{유동부채}} \times 100$

수권자본금

회사가 주식을 발행할 수 있는 자본금으로 발행할 주식수에 액면가액을 곱하여 계산하며 회사설립수 수권자본금은 납입자본금의 4배로 하고 유무상증자로 납입자본금이 증가하면 주주총회 결의로 수권자본금을 증가시킨다.

- **수권자본금 = 발행할 주식총수 × 액면가액**

납입자본금

회사가 주식을 발행한 자본금으로 발행한 주식수에 액면가액을 곱하여 계산할 수 있다.

- **납입자본금 = 발행한 주식수 × 액면가액**

따라서 납입자본금과 액면가액을 알면 발행주식수를 계산할 수 있고 납입자본금과 액면가액을 알면 발행한 주식수를 알 수 있다.

액면가액

1주를 발행하는 기준가격으로 정관에 기재되고 등기해야 하며 현행 상법상 액면가액은 100원 이상으로 하고 100원, 200원, 500원, 1,000원, 2,500원, 5,000원, 10,000원, 무액면 등의 종류가 있다.

시가총액

통상 '시총'으로 불리며 발행주식수에 현재주가를 곱하여 계산한다.

- **시가총액 = 발행한 주식수 × 현재주가**

시가총액을 당기순이익으로 나누면 주가이익배수(PER) 개념이 된다. 시가총액은 시장가치기준의 기업 규모 크기를 의미하므로 시가총액이 클수록 기업가치 규모가 높음을 의미한다.

3일수도결제

증권시장에서의 거래는 3일수도受渡결제인데 증권거래는 증권거래영업일 기준으로 거래일 포함하여 3일째 되는 날, 즉 이틀 후 매도의 경우 현금을 받고 주식은 넘겨주고 매수의 경우 주식을 받고 현금을 넘겨준다는 뜻이다. 따라서 주식을 팔아 현금으로 사용하려면 전전날 팔아야 한다.

권리기준일

증자(증자일) 또는 배당(결산일)받을 주주가 확정되는 날로 기준일이라 하며 3일수도결제이므로 기준일의 전전날은 권리부, 배당부이며 전날은 권리락, 배당락이 된다.

권리부주가/권리락주가

권리부(附)주가는 유상증자 또는 무상증자를 받을 권리가 붙어 있는 날의 주가이며 현행 3일수도결제이므로 증자 기준일의 전전날(거래영업일기준) 주가가 권리부주가이며 그다음 날의 주가는 권리락(落)주가이다.

자본잠식

결손이 누적되어 주주자본(자본총계)을 까먹는 상태이며 부분자본잠식은 자본총계가 (-)는 아니지만 자본총계가 납입자본금보다 적은 경우이며 완전자본잠식은 부채총계가 자산총계보다 많아 자본총계가 (-) 되는 경우이다.

현금거래

거래대금 100%를 현금납입한 거래

미수거래

거래대금 중 위탁증거금(예 : 40%)만 납입하고 잔여금액은 외상(미수)으로 되는 거래이며 미수금이 발생하면 4 거래일째 동시호가에서 반대매매로 하한가 매도 주문된다.

신용매수

거래대금 중 신용증거금 이외의 금액을 증권사에서 현금을 빌려 하는 주식거래이며 낮은 가격에 매수하고 가격상승 시 매도하여 현금상환하는 거래. 신용거래는 증권시장 침체기에 매수를 유발하여 시장을 안정시키는 효과가 있다.

공매도거래(대주)

증권사에서 특정종목 주식을 빌려 높은 가격에 매도하고 주가가 하락하면 매수하여 빌린 주식을 갚는 거래. 공매도거래는 증권시장이 과열되어 있을 때 공급을 늘려 시장을 안정시키는 효과가 있다.

반대매매

미수거래에서 발생한 미수금이 있거나 증거금의 보유주식가치가 일정한 위탁담보비율 이하로 될 경우 강제로 하한가에 매도하는 매매거래

위탁증거금

주식매매 거래 시 일정비율의 금액을 납입하여 매매 손실이 발생할 경우 손실충당 목적으로 증권회사에 예치하는 금액이며 통상 거래금액의 약 40% 정도 금액이다.

상(하)한가

전일 종가를 기준으로 30% 상승(또는 하락)하는 가격제한폭 금액이며 거래 단위의 단수는 절사한 금액으로 한다. 과거에는 상(하)종가라고 표현했다.

거래호가 단위

1,000원 이하 : 1원 단위

1,000원 이상 5,000원 이하 : 5원 단위

5,000원 이상 10,000원 이하 : 10원 단위

10,000원 이상 50,000원 이하 : 50원 단위

50,000원 이상 100,000만원 이하 : 100원 단위

100,000원 이상 500,000만원 이하 : 500원 단위

500,000원 이상 : 1,000원 단위

발회일

연초 증권시장 개장일로 매년 1월 2일이며 공휴일일 경우 그다음 날

납회일

연말 증권시장 폐장일로 매년 12월 30일이며 공휴일일 경우 그 전날. 12월 31일은 증권시장이 열리지 않는다.

매매거래 원칙

주식시장은 완전한 경쟁시장으로 세 가지 거래원칙이 있다.

첫째, 가격우선원칙이며 매수는 높은 가격순으로 매도는 낮은 가격순으로 거래된다.

둘째, 시간우선원칙으로 가격 다음으로 시간순서 주문대로 거래된다.

셋째, 수량우선원칙으로 주문수량이 큰 주문부터 거래가 이루어진다.

따라서 매수매도가격도 맞고 시간도 맞는데 거래가 이루어지지 않는 경우 주문량이 소량일 때 거래가 안 되는 경우가 있다.

매매거래원칙의 예외는 동시호가라는 것이 있다. 오전 장 시작 시 10분 전인 08:50에서 09:00까지 10분간 전장 동시호가인데 이 경우 주문은 모두 똑같은 시간에 주문되었다는 가정하에 거래가 이루어지며 후장은 3시 20분에서 3시 30분까지 10분간 후장 동시호가로 거래가 이루어진다.

주식매매 거래시간

현행 우리나라의 경우 토, 일, 공휴일(임시공휴일 포함)은 휴장일이며 영업일에는 09:00에서 15:30까지 거래가 이루어지며 점심시간 휴장은 없다.

(부록 2-1)

미래가치 계수표 $F=(1+r)^n$

기간(n)	1%	2%	3%	4%	5%	6%	7%	8%	9%	10%	11%	12%	13%	14%	15%	16%	17%	18%	19%	이자율(r) 20%
1	1.0100	1.0200	1.0300	1.0400	1.0500	1.0600	1.0700	1.0800	1.0900	1.1000	1.1100	1.1200	1.1300	1.1400	1.1500	1.1600	1.1700	1.1800	1.1900	1.200
2	1.0201	1.0404	1.0609	1.0816	1.1025	1.1236	1.1449	1.1664	1.1881	1.2100	1.2321	1.2544	1.2769	1.2996	1.3225	1.3456	1.3689	1.3924	1.4161	1.4400
3	1.0303	1.0612	1.0927	1.1249	1.1576	1.1910	1.2250	1.2597	1.2950	1.3310	1.3676	1.4049	1.4429	1.4815	1.5209	1.5609	1.6016	1.6430	1.6852	1.7280
4	1.0406	1.0824	1.1255	1.1699	1.2155	1.2625	1.3108	1.3605	1.4116	1.4641	1.5180	1.5735	1.6305	1.6890	1.7490	1.8106	1.8739	1.9388	2.0053	2.0736
5	1.0510	1.1041	1.1593	1.2167	1.2763	1.3382	1.4026	1.4693	1.5386	1.6105	1.6851	1.7623	1.8424	1.9254	2.0114	2.1003	2.1924	2.2878	2.3864	2.4883
6	1.0615	1.1262	1.1941	1.2653	1.3401	1.4185	1.5007	1.5869	1.6771	1.7716	1.8704	1.9738	2.0820	2.1950	2.3131	2.4364	2.5652	2.6996	2.8398	2.9860
7	1.0721	1.1487	1.2299	1.3159	1.4071	1.5036	1.6058	1.7138	1.8280	1.9487	2.0762	2.2107	2.3526	2.5023	2.6600	2.8262	3.0012	3.1855	3.3793	3.5832
8	1.0829	1.1717	1.2668	1.3686	1.4775	1.5938	1.7182	1.8509	1.9926	2.1436	2.3045	2.4760	2.6584	2.8526	3.0590	3.2784	3.5115	3.7589	4.0214	4.2998
9	1.0937	1.1951	1.3048	1.4233	1.5513	1.6895	1.8385	1.9990	2.1719	2.3579	2.5580	2.7731	3.0040	3.2519	3.5179	3.8030	4.1084	4.4355	4.7854	5.1598
10	1.1046	1.2190	1.3439	1.4802	1.6289	1.7908	1.9672	2.1589	2.3674	2.5937	2.8394	3.1058	3.3946	3.7072	4.0456	4.4114	4.8068	5.2338	5.6947	6.1917
11	1.1157	1.2434	1.3842	1.5395	1.7103	1.8983	2.1049	2.3316	2.5804	2.8531	3.1518	3.4785	3.8359	4.2262	4.6524	5.1173	5.6240	6.1759	6.7767	7.4301
12	1.1268	1.2682	1.4258	1.6010	1.7959	2.0122	2.2522	2.5182	2.8127	3.1384	3.4985	3.8960	4.3345	4.8179	5.3503	5.9360	6.5801	7.2876	8.0642	8.9161
13	1.1381	1.2936	1.4685	1.6651	1.8856	2.1329	2.4098	2.7196	3.0658	3.4523	3.8833	4.3635	4.8980	5.4924	6.1528	6.8858	7.6987	8.5994	9.5964	10.699
14	1.1495	1.3195	1.5126	1.7317	1.9799	2.2609	2.5785	2.9372	3.3417	3.7975	4.3104	4.8871	5.5348	6.2613	7.0757	7.9875	9.0075	10.147	11.420	12.839
15	1.1610	1.3459	1.5580	1.8009	2.0789	2.3966	2.7590	3.1722	3.6425	4.1772	4.7846	5.4736	6.2543	7.1379	8.1371	9.2655	10.539	11.974	13.589	15.407

(부록 2-2)

현재가치 계수표 $\left(P = \dfrac{1}{(1+r)^n}\right)$

기간(n)	1%	2%	3%	4%	5%	6%	7%	8%	9%	10%	11%	12%	13%	14%	15%	16%	17%	18%	19%	20%
1	.9901	.9804	.9709	.9615	.9524	.9434	.9346	.9259	.9174	.9091	.9009	.8929	.8850	.8772	.8696	.8621	.8547	.8475	.8403	.8333
2	.9803	.9612	.9426	.9246	.9070	.8900	.8734	.8573	.8417	.8264	.8116	.7972	.7831	.7695	.7561	.7432	.7305	.7182	.7062	.6944
3	.9706	.9423	.9151	.8890	.8638	.8396	.8163	.7938	.7722	.7513	.7312	.7118	.6931	.6750	.6575	.6407	.6244	.6084	.5934	.5787
4	.9610	.9238	.8885	.8548	.8227	.7911	.7629	.7350	.7084	.6830	.6587	.6355	.6133	.5921	.5718	.5523	.5337	.5158	.4987	.4323
5	.9515	.9057	.8626	.8219	.7835	.7473	.7130	.6806	.6499	.6209	.5935	.5674	.5428	.5194	.4972	.4761	.4561	.4371	.4190	.4019
6	.9420	.8880	.8375	.7903	.7462	.7050	.6663	.6302	.5963	.5645	.5346	.5066	.4803	.4556	.4323	.4104	.3898	.3704	.3521	.3349
7	.9327	.8706	.8131	.7599	.7107	.6551	.6227	.5835	.5470	.5132	.4817	.4523	.4251	.3996	.3759	.3538	.3332	.3139	.2959	.2791
8	.9235	.8535	.7894	.7307	.6768	.6274	.5820	.5403	.5019	.4665	.4339	.4039	.3762	.3506	.3269	.3050	.2848	.2660	.2487	.2326
9	.9143	.8368	.7664	.7026	.6446	.5919	.5439	.5002	.4604	.4241	.3902	.3606	.3329	.3075	.2843	.2630	.2434	.2255	.2090	.1938
10	.9053	.8203	.7441	.6756	.6139	.5584	.5083	.4632	.4224	.3855	.3522	.3220	.2946	.2697	.2472	.2267	.2080	.1911	.1756	.1615
11	.8963	.8043	.7224	.6496	.5847	.5268	.4751	.4289	.3875	.3505	.3173	.2875	.2607	.2366	.2149	.1954	.1773	.1619	.1476	.1346
12	.8874	.7885	.7014	.6246	.5568	.4970	.4440	.3971	.3555	.3186	.2858	.2567	.2307	.2076	.1869	.1685	.1520	.1372	.1240	.1122
13	.8787	.7930	.6810	.6006	.5306	.4688	.4150	.3677	.3262	.2897	.2575	.2292	.2042	.1821	.1625	.1452	.1229	.1163	.1042	.0935
14	.8700	.7579	.6611	.5775	.5051	.4423	.3878	.3405	.2992	.2633	.2320	.2046	.1807	.1597	.1413	.1252	.1110	.0985	.0876	.0779
15	.8613	.7430	.6419	.5553	.4810	.4173	.3624	.3152	.2745	.2394	.2090	.1827	.1599	.1401	.1229	.1079	.0949	.0835	.0736	.0349

(부록 2-3)

연금현재가치 계수표

$$P = \frac{1}{r}\left(1 - \frac{1}{(1+r)^n}\right)$$

기간(n)	1%	2%	3%	4%	5%	6%	7%	8%	9%	10%	11%	12%	13%	14%	15%	16%	17%	18%	19%	20% 이자율(r)
1	0.9901	0.9804	0.9709	0.9615	0.9524	0.9434	0.9346	0.9259	0.9174	0.9091	0.9009	0.8929	0.8850	0.8772	0.8696	0.8621	0.8547	0.8475	0.8403	0.8333
2	1.9704	1.9416	1.9135	1.8861	1.8594	1.8334	1.8080	1.7833	1.7591	1.7355	1.7125	1.6901	1.6681	1.6467	1.6257	1.6052	1.5852	1.5656	1.5465	1.5278
3	2.9410	2.8839	2.8286	2.7751	2.7232	2.6730	2.6243	2.5771	2.5313	2.4868	2.4437	2.4018	2.3612	2.3216	2.2832	2.2459	2.2096	2.1743	2.1399	2.1065
4	3.9020	3.8077	3.7171	3.6299	3.5460	3.4651	3.3872	3.3121	3.2397	3.1699	3.1024	3.0373	2.9745	2.9137	2.8550	2.7982	2.7432	2.6901	2.6386	2.5887
5	0.4534	4.7135	4.5797	4.4518	4.3295	4.2124	4.1002	3.9927	3.8897	3.7908	3.6959	3.6048	3.5172	3.4331	3.3522	3.2743	3.1993	3.1272	3.0576	2.9906
6	5.7955	5.6014	5.4172	5.2421	5.0757	4.9173	4.7665	4.6229	4.4859	4.3553	4.2305	4.1114	3.9975	3.8887	3.7845	3.6847	3.5892	3.4976	3.4098	3.3255
7	6.7282	6.4720	6.2303	6.0021	5.7864	5.5824	5.3893	5.2064	5.0330	4.8684	4.7122	4.5638	4.4226	4.2883	4.1604	4.0386	3.9224	3.8115	3.7057	3.6046
8	7.6517	7.3255	7.0197	6.7327	6.4632	6.2098	5.9713	5.7466	5.5348	5.3349	5.1461	4.9676	4.7988	4.6389	4.4873	4.3436	4.2072	4.0776	3.9544	3.8372
9	8.5660	8.1622	7.7861	7.4353	7.1078	6.8017	6.5152	6.2469	5.9952	5.7590	5.5370	5.3282	5.1317	4.9464	4.7716	4.6065	4.4506	4.3030	4.1635	4.0310
10	9.4713	8.9826	8.5302	8.1109	7.7217	7.3601	7.0236	6.7101	6.4177	6.1446	5.8892	5.6502	5.4262	5.2161	5.0188	4.8332	4.6586	4.4941	4.3389	4.1925
11	10.368	9.7868	9.2526	8.7605	8.3064	7.8869	7.4987	7.1390	6.8052	6.4951	6.2065	5.9377	5.6869	5.4527	5.2337	5.0285	4.8364	4.6560	4.4865	4.3271
12	11.255	10.575	9.9540	9.3851	8.8633	8.3838	7.9427	7.5361	7.1607	6.8137	6.4924	6.1944	5.9176	5.6603	5.4206	5.1971	4.9884	4.7932	4.6105	4.4392
13	12.134	11.348	10.635	9.9856	9.3936	8.8527	8.3577	7.9038	7.4869	7.1034	6.7499	6.4235	6.1218	5.8424	5.5831	5.3423	5.1183	4.9095	4.7147	4.5327
14	13.004	12.106	11.296	10.563	9.8986	9.2950	8.7455	8.2442	7.7862	7.3667	6.9819	6.6282	6.3025	6.0021	5.7245	5.4675	5.2293	5.0081	4.8023	4.6106
15	13.865	12.849	11.938	11.118	10.380	9.7122	9.1079	8.5595	8.0607	7.6061	7.1909	6.8109	6.4624	6.1422	5.8474	5.5755	5.3242	5.0916	4.8759	4.6755

**재무제표 분석으로
알짜 종목 투자하기**

초판 1쇄 인쇄 2021년 4월 15일
초판 1쇄 발행 2021년 4월 20일

지은이 강영수
펴낸이 金泰奉
펴낸곳 한솜미디어
등록   제5-213호

편집   박창서 김수정
마케팅 김명준
홍보   김태일

주소   05044 서울시 광진구 아차산로 413
       (구의동 243-22)
전화   02) 454-0492(代)
팩스   02) 454-0493
이메일 hansom@hansom.co.kr
홈페이지 www.hansom.co.kr

값 16,000원
ISBN 978-89-5959-543-3 (03320)

* 잘못 만들어진 책은 구입하신 서점에서 바꿔드립니다.
* 이 책은 아모레퍼시픽의 아리따 글꼴을 사용하여 편집되었습니다.